그때는 맞고 지금은 틀리다

통치자 담론에서 피통치자 담론으로

그때는 맞고 지금은 틀리다
통치자 담론에서 피통치자 담론으로

2016년 7월 29일 1판 1쇄 인쇄
2016년 8월 1일 1판 1쇄 발행

지은이	허 경
펴낸이	한기호
편집인	김종락
출판기획	대안연구공동체
편집·디자인	프로므나드
펴낸곳	길밖의길
출판등록	2015년 7월 6일 제 2015-000211호
주소	121-839 서울시 마포구 동교로 12안길 14(서교동) 삼성빌딩 A동 2층
전화	02-336-5675
팩스	02-337-5347
이메일	kpm@kpm21.co.kr
홈페이지	www.kpm21.co.kr
ISBN	979-11-87552-00-0 02300

길밖의길은 한국출판마케팅연구소의 임프린트입니다.
책값은 뒤표지에 있습니다.

머리말

희망의 근거

생각하지도 못한 계기로 한국 사회의 현실에 관한 글을 쓰게 되었다. '철학자가 보는 한국 사회'라는 기획이 매우 좋았기 때문이다. 철학자가 사람들이 잘 알지 못하는 주제에 대한 글, 가령 플라톤이나 데카르트 혹은 푸코에 대한 글을 쓸 경우 읽는 사람들은 자신의 의견이나 비판적 견해를 갖기보다 글의 내용을 이해하는 것을 목표로 글을 읽게 되기 마련이다. 그러나 보통 사람들도 잘 알고 있는 주제나 평소 자신만의 견해와 입장을 가지고 있던 주제에 대한 글을 읽을 경우, 독자들은 당연히 자신의 견해나 관점과 철학자의 그것을 비교하며 읽을 수밖에 없다. 이 경우 독자들은 자신이 알고 있는 하나의 사태를 철학자들은 어떤 식으로 바라보고 어떤 해법을 제시하는지 쉽게 알 수 있게 된다. 이 과정에서 독자들은 '겨우 이런 게 철학이란 말인가'라는 생각을 가질 수도 있고 '이걸 이렇게 볼 수도 있구나', '이런 점은 생각해 보지 못했는데'라는 생각을 할 수도 있다. 어느 경우이거나 철학과 현실이 동떨어져 있으며 철학자들은 관념의 세계에서 자신들만의 말장난을 하고 있다거나, 철학은 위대한 것이며 자신과 같은 보통 사람들의 시시한 일상과는 무관한 고매한 세계라는 식의 황당한 편견을 파괴할 수 있다는 점에서 바람직한 일이다.

    이 글은 대학생 정도의 교양을 갖춘 일반인들을 위해 썼다. 전문적인 내용을 다루는 학자들을 위한 글이 아니므로 능력이 허용하는 한도 내에서는 가급적 쉽게 쓰려 하였다. 경험이 있는 사람은 잘 알겠지만, 어렵게 배운 것을 어려운 용어로 적어 내려가는 것은 오히려 쉬울 수 있다. 그러나 어려운 전문 용어들로 익히고 배운 개념과 내용을 쉬운 말로 풀어 하나의 구체적 현상에 대하여 모두가 이해할 수 있는 언어로 적어 내려가기란 쉬운 일이 아니다. 이는 문자 그대로 글 쓰는 이의 실력과 내공이 필요한 일이다. 나로서는 최선을 다했다는 말로 스스로 위안을 삼는다.

현재의 대한민국 사회를 소통 부재의 사회라고들 한다. 모두들 저마다의 주장만 하고 있을 뿐 타인의 주장을 진지하게 경청하지 않는다고 말한다. 나는 한국 사회를 이렇게 부정적으로만 보지도 않지만, 설령 한국 사회가 그렇게 '못난 사회'라면 그것도 다 그럴 만한 역사적 이유가 있으리라 믿는다. 나는 선진국들은 원래 그렇게 대화와 민주주의를 실천할 능력과 소양을 지녔고 우리는 원래 그렇지 못하다는 식의 '본질주의적' 해석을 지지하지 않는다. 한 사람이 못났다면 그럴만한 이유가 있을 것이고, 그 사람이 잘났다고 해도 역시 그럴 만한 이유가 있을 것이다. 선천적으로 잘난 사람, 못난 사람이 따로 있는 것이 아니라, 다양한 생물학적·개인적·역사적 이유가 있을 수 있듯이, 하나의 사회도 원래 잘난 사회, 못난 사회가 있는 것이 아니라, 그렇게 될 만한 이유가 있을 것이다. 물론 이러한 논의가 현재의 개인이나 사회가 갖고 있는 문제점들마저도 긍정해야 한다는 말은 아니다. 그러한 문제점들은 물론 개선되어야 하지만 현재의 문제점들로 그 개인이나 사회를 본질적으로 규정지어서는 안 된다는 말이다. 질 들뢰즈의 말대로, 빈 캔버스 앞에 선 화가는 빈 캔버스를 채워 가는 것이 아니다. 실상 이 빈 캔버스는 '가득 채워져' 있다. 이렇게 그려야 한다, 저렇게 그려야 한다, 이렇게 그리지 말아야 한다, 저렇게 그리지 말아야 한다는 과거의 이론적 규정들로 가득 차 있는 캔버스 앞에 선 화가가 오늘 자신만의 새로운 그림을 그리기 위해서는 이 모든 규정들을 참조는 하되 오늘 자신의 입장에서 모든 것을 새롭게 사유하고 또 실천해 보아야만 하는 것이다(이를 들뢰즈는 '실험expérience' 혹은 '시도essai'라 부른다). 마찬가지로 오늘의 문제에 직면한 나는, 그리고 우리는 과거의 생각들을 십분 참조하되 그것들을 벗어난 오늘의 새로운 나, 새로운 우리를 실험하고 창조해야 한다. 내가 다른 어떤 사람의 모델을 따라 내 삶을 살 때, 우리가 어떤 다른 사회의 모델 혹은 이론을 따라 이 사회를 건설하고자 할 때, 나와 우리의 삶, 그 참다운 느낌과 사유는 사라져 버릴 것이다. 아니, 나와 우리의 삶 자체를 상실하게 될 것이다. 나는 이미 존재하는 진실한 나 자신을 찾아가는 것이 아니라, 이제까지 존재하지 않았던 새로운 나 자신을 만들고 발명해야 한다. 이는 한국 사회에 대해서도 똑같이 적용되는 말이다.

 2016년의 한국 사회에서는 '이해되지 않는 일들'이 벌어지고 있다. 그러나 세월호, 옥시, 강남역 묻지 마 살인사건, 구의역 참사 등의 사건에서 실로 이해되지 않는 것은 그러한 일이 일어났다는 사실이 아니라, 그러한 일이 전 국민적이고 사회적인 이슈가 되었다는 사실이다. 이런 사건들은 대한민국 건국 이래 늘 일어났던 일이고 오늘도 일어나고 있지만, 이전에는 결코 이슈가 되지 않은 채 '피해자만 억울한 일'로 지나가 버리고 말았다. 모든 위기는 합리성의 위기이다. 기존의 논리, 합리성으로 이해되고 대응책을 찾을 수 있는 사태는 위기로 불리지도 않는다. 기존의 논리, 기존의 합리성으로 해답을 찾기가 참으로 난감한 상황을 우리는 '위기'라 부른다. 위기의 존재는 기존 합리성의 위기를 가시적인 것으로 우리 앞에 보여 준다. 오늘 한국 사회에서 '이해될 수 없는 일들'이란 기존 합리성의 기준으로 볼 때 이해될 수 없는 일일 뿐이다. 합리성의 기준이, 외연이 달라졌다. 이러한 변화에 따라 지금까지는 합리적으로 보이던 일이 이제는 '비합리적인 일'로, 지금까지는 용납될 수도 있었던 일이 이제는 '더 이상 용납될 수 없는 일'로 보이게 된다. 이것이 희망의 근거이다. 알아차리는 이는 적지만, 2016년의 대한민국 사회에서는 모든 것이 변화하고, 모든 것이 달라지고 있다. 이는 작지만, 실은 거대한 변화이다.

이 책에서 내가 적어 내려간 사유의 대부분은 나의 이십대 후반 혹은 삼십대 초반에 확립된 것들이다. 오랜 시간이 지난 만큼 약간의 편차는 있지만 기본적인 사유의 대강은 크게 달라지지 않았다. 이런 점에서 이 책은 한국 사회를 살아가는 한 젊은이의 생각이기도 하다. 젊음이 나이의 문제만은 아니라고 할 때, 나는 이 책을 통해 모든 '생각이 젊은 사람들'과 대화하고 싶다. 철학을 가르치는 직업적 특성으로 인해, 나는 늘 이 사회의 (생물학적으로) 젊은이들을 가까이서 만나게 된다. 일반적으로 조심스럽게 말해 본다면, 오늘날의 젊은이들은 나의 젊은 시절보다 경제적으로는 더 부유하지만, 심리적으로 훨씬 어렵고 지난한 '위축된' 삶을 사는 것처럼 보인다. 나는 이들이 이렇게 위축된 삶을 사는 것이 근본적으로 못난 개인의 문제가 아니라, 평범한 다수의 개인들을 그렇게 만드는 사회 시스템의 문제라고 생각한다. 역시 직업적 특성상, 종종 젊은 친구들은 나를 찾아와 자신의 고민을 털어놓고 조언을 구하기도 한다. 나 자신도 제대로 건사하지 못하므로 특별히 해 줄 말도 없지만, 그래도 경험에 입각하여 내 능력이 닿는 한도 내에서 나름대로는 열심히 '해답'을 말해 보기도 하였다. 그러나 얼마의 시간이 지난 후 내가 깨달은 게 있다. 나의 해답은 그저 나라는 사람에게만 해답이었을 뿐 - 나와는 모든 것을 달리하는 - 다른 사람들에게는 전혀 해답이 아니었다는 사실이다. 그리고 이런 나의 '해답'은 그들이 그것을 스스로의 상황에서 건강한 주체적 방식으로 다시 생각하고 해석하지 않는 한 그들에게 '방해'만 된다는 사실이다. 타인에게 '도움'을 주기란 실로 쉽지 않은 일이니, 좀 과하게 말해, '방해'나 되지 말아야 한다는 생각을 하게 되었다. 따라서 나는 나의 역할을 그들에게 나의, 혹은 '사회'의 해답을 전수하는 기술자가 아니라, 그들이 스스로 생각하고 고민하는 길을 곁에서 지켜보는 사람으로 한정하게 되었다. 남이 나의 삶을 대신 살고 대신 생각해줄 수가 없듯이, 나도 남의 삶을 대신 살고 대신 생각해 줄 수는 없다. 나는 바로 이런 이야기를 하기 위해 이 작은 책을 썼다. 누군가 나에게 무슨 생각을 하며 글을 썼느냐고 묻는다면 나는 대중을 위한 글이니 쉽게 쓰려 노력하였고, 무엇보다 반동적인 글을 쓰지 않으려 노력했다고 말하고 싶다.

2016년 7월 25일

일산 노루목길에서
허경 쓰다.

차 례

머리말 3

1. 헬조선, "이 세계관은 낡았다." 13
2. 대한민국은 헬조선인가? 17
3. '대한민국은 헬조선'이라는 말은
   악의적인 부정적 인식이 아닐까? 26
4. 왜 대한민국은 헬조선으로 인식되는가? 35
5. 자격 '부여/박탈' 담론의 정치학 50
6. 프랑스의 1968년 5월 - "이해할 수가 없다!" 60
7. "더 이상은 용납할 수가 없다!" 70
8. 신주쿠역 10번 출구 '조선인 혐오' 살인사건 76
9. 합리성과 담론효과 87
10. 합리성, 평등과 사회적 약자에 대한 관심 93
11. 이해, 타인의 목소리를 듣는다는 것 101
12. 임계점, 합리성의 기준이 변화하는 점 114
13. 희망의 근거 - '더 이상 용납할 수 없다' 120

1. 헬조선, "이 세계관은 낡았다."

1781년 프러시아 쾨니히스베르크의 철학자 칸트는 필생의 역작 『순수이성비판』의 서문을 통해 당시 세속과 학문의 세계에 팽배해 있던 **무관심**과 이에 대한 자신의 **철학적 응답**으로서 제출된 자신의 작업에 대해 이렇게 말한다.

"모든 학문들이 번성하는 한가운데에서, 그것도 사람들이 모든 지식 중에서도 그것을 갖는 것을 되도록 포기하지 않으려 했던 바로 그 지식과 관련해 일어난 이 무관심은 각별히 주목하고 숙고할 만한 현상이다. 이 무관심은 분명히 경솔에서 생긴 것이 아니라, 이제는 더 이상 사이비 지식에 자신을 내맡기지는 않으려는 시대의 성숙한 판단력에서 비롯된 것이다. 이 시대는 또한 이성에 대해, 이성이 하는 업무들 중에서도 가장 어려운 것인 자기 인식의 일에 새로이 착수하고, 하나의 법정을 설치하여, 정당한 주장을 펴는 이성은 보호하고, 반면에 근거 없는 모든 월권에 대해서는 강권적 명령에 의해서가 아니라 이성의 영구불변적인 법칙에 의거해 거절할 수 있을 것을 요구한다. 이 법정이 다름 아닌 순수이성비판 바로 그것이다."(임마누엘 칸트, 『순수이성비판 1』, 백종현 옮김, 아카넷, 2006, 167-168쪽)

칸트는 학문과 정치의 영역을 막론하고, 당대에 광범위하게 퍼져 있던 무관심이라는 현상이 개인들의 도덕적 게으름과 불성실 탓이라기보다는 그들로 하여금 무관심한 태도를 견지할 수밖에 없게 만드는 **당대의 현실**에서 기인한 것임을 명백히 한다. 따라서 일견 '무관심한' 것처럼 보이는 대중의 태도는 단지 드러난 최종적 결과 혹은 현상일 뿐, 어떤 개인적 부도덕이나 게으름에서 기인하는 것이 아니라는 것이다. 그러므로 문제의 해결은 어떤 개인적 차원의 도덕 재무장 운동이 아니라, 그러한 현상을 가져올 수밖에 없는 **조건 자체의 혁파**에 의해서만 가능하다고 말하며, 나아가 이러한 대중의 무관심을 대중의 이성적 판단 능력이 성장한 증거로 바라본다. 대중의 판단력은 이제 이성적이지 못한 것에 무관심할 수 있을 만큼 이성적이며 대중은 이제 비이성적인 것을 무시할 수 있을 만큼 이성적이라는 것이다.

나는 대중의 무관심을 대중의 **건강성**으로 바라보는 칸트의 이러한 해석을 철학이 세계에 대하여 수행할 수 있는 최대치의 기여들 중 하나로 생각한다. 니체의 말대로, 때로는 위장된 호의보다 적나라한 적의가 더 건강한 것이다. 마찬가지로, 때로는 부자연스러운 관심보다 적나라한 무관심이 더 건강한 것이다. 오늘 이른바 '헬조선'의 젊은이들이 이토록 열악한 환경에도 불구하고 여전히 정치에 무관심하고 사적인 개인의 세계에 만족하고 있다면, 그리고 그러한 젊은이들의 숫자가 상당하다면, 나는 이를 '개념 없고 부도덕하며 게으른' 젊은이들만의 문제가 아니라, 차라리 다수의 젊은이들로 하여금 그러한 무관심에 빠져들 수밖에 없게 만드는 '기득권의 논리', 특히 그 '인식구조'에 더 큰 문제가 있다고 본다.

당신이 손에 들고 있는 이 작은 책은 바로 이러한 **칸트적 긍정**의 정신에 따라 쓴 책이다. 모든 사람이 자신과 동일한 음악을 듣고 즐기는 철학자를 가질 권리가 있듯이, 모든 사람은 자신과 동일한 시대를 겪고 사는 철학자의 글을 가질 권리가 있다. 바흐와 베토벤은 물론 훌륭한 음악가이지만, 오늘 우리에게는 오늘 우리의 음악을 듣는 철학자, 오늘 우리와 함께 가는 철학자가 필요하지 않겠는가.

2. 대한민국은 헬조선인가?

　최근 들어 인구에 회자되고 있는 '헬조선'이라는 말은 조선, 곧 대한민국이 헬, 지옥이라는 말이다. 2016년의 대한민국은 지옥이다. 이 자리에서 정확히 대한민국이 어디이며 지옥이 무엇인가에 대한 번쇄한 의미론적·어원학적 논의는 생략하겠다. 다만 이 자리에서는 헬조선이라는 말이 갖는 최소한의 두 층위를 구분해 보는 것으로 만족하겠다.
　우선 대한민국은 헬조선인가? 이는 하나의 사실판단이다. 그리고 사실판단은 물론 하나의 판단이다. 그러나 바로 앞서 언급되었던 칸트가 이미 18세기 말에 지적한 것처럼 모든 판단은 그러한 판단을 가능케 해 주는 판단의 틀, 곧 인식틀의 존재를 가정한다. 개별적이고 구체적인 인식들을 가능하게 만드는 인식틀이 없는 인식이란 존재하지 않는다. 인식틀은 인식의 **가능 조건**이다.

이제 판단 곧 인식의 문제는 틀, 혹은 니체를 따라 말해 보자면, **관점**point of view의 존재를 가정한다. 관점觀點이란 보는 자, 다시 말해 지각주체가 대상을 보는 지점viewing point이다. 이 '보는 지점'이 없다면 애초에 봄viewing이라는 작용, 혹은 보이는 대상viewed object이 존재할 수가 없다. 내가 아무런 인식의 틀도 없이 세상을 있는 그대로 바라볼 수 있다는 말은 17세기에나 통했던 무지한 발언에 불과하다. 나는 늘 어떤 관점에서 세계와 사태를 바라보고 해석한다(이 특정 관점은 내게 너무도 당연하고 너무도 자연스러운 것, 곧 내가 그것에 의해 완전히 조건화되어서 내게는 지각되거나 의식되지도 않는 것, 그야말로 '당연한 것'으로 인식된다). 관점이 없이 나는 세계를 지각할 수도 인식할 수도 없다. 이 말은 곧 내가 늘 **특정 관점에서** 세계를 바라볼 수밖에 없다는 뜻으로, 모든 사실판단은 특정 관점하에서 구성된 판단이라는 말이다. 내가 생각하는 사실판단이 실은 특정 관점하에서 선택된 사실들로 구성된 판단이라는 얘기다. 그리고 이를 인간이라면 어느 누구도 피해 갈 수 없는 인식의 본성적 측면으로 간주한다면, 그리고 *그녀가* 상식적 인간이라면, *그녀는* 이러한 사실을 바로 **자신의 인식에 대해서도** 적용시켜야 한다. 그리고 자신의 인식이 특정 관점하에서 선택된 사실들로 구성된 판단이라는 점을 깨달아야 한다. "대한민국은 헬조선인가?"라는 물음에 답하기 위해서는 자신의 관점, 곧 자신의 **관심**interest이 무엇인지를 정확히 알아야 한다는 말이다. 그렇다면 나는 어떤 특정 관점에 입각하여 대한민국을 바라볼까?

나는 이 글을 쓰기 위해 몇 달 전부터 자료를 정리하면서 어느 네티즌이 티브이 뉴스 화면을 캡처하여 정리한 '대한민국이 헬조선인 60가지 이유'라는 글의 주소를 저장해 두었다. 아마도 지금 이 책을 읽는 대부분의 독자들에게 이미 친숙할지도 모를 이 글은 하나의 특정 관점에서 대한민국을 바라보며 대한민국을 헬조선으로 명쾌히 규정하는 글이다. 내가 이 글을 나의 책에 인용하는 이유는 물론 나 자신이 이에 기본적으로 동의하기 때문이며 이것이 내가 대한민국을 바라보는 관점이라 할 수 있겠다.(독자인 당신은 이에 동의할 수도, 하지 않을 수도 있다).

나의 입장에서 볼 때, 2016년의 대한민국이 헬조선인 이유는 이 외에도 무한 가지가 더 있지만, 일단 이 네티즌이 캡처하여 정리한 **대한민국이 헬조선인 60가지 이유**는 다음과 같다.

1) 한국 아동 학업 스트레스 … 세계 최고 수준
2) 한국 여성 사회참여 OECD 꼴찌
3) 한국, 일자리 포기한 청년비중 OECD 중 3위
4) 한국 수도권 주거 행복 바닥 … 33개국 중 24위
5) 한국 언론자유 2년 연속 하락 … 60위
6) '아빠와 함께' 하루 6분 … OECD '꼴찌'
7) 한국 대기 질 178개국 중 166위
8) 한국 GDP 대비 가계부채 비율 신흥국 최고
9) 최저임금 이하 OECD 최대
10) 한국 웰빙지수 117위로 추락
11) 공교육비 민간부담 … OECD 3배
12) 한국, 휴대전화 단말기 가격 '세계최고'

13) "아이 키우기 힘든 나라" … 출산율 최하위권
14) 한국 국회의원 경쟁력 OECD 꼴찌 수준
15) 한국 국회의원 연봉 OECD 중 3위
16) 한국인 행복지수 OECD 최하위 수준
17) 미 CIA "한국 출산율 세계 최하위권"
18) 한국, 노인복지 '낙제점' … 소득 '최하위'
19) 전란 국가만 못한 '삶 만족도'
20) 한국 고용 안정성 OECD 국가 중 가장 낮아
21) 국민의료비 공공부담, OECD 중 최하위
22) 후진국병 결핵, 한국 OECD 국가 중 1위
23) 빚 진 60대 이상 고령층 '세계 최고'
24) 한국, '기업신뢰도' 꼴찌 … '정부 신뢰도' 바닥
25) 한국, 아시아 선진국 중 최악 부패국가
26) 등록금 부담, OECD '최고' 수준
27) 한국 아동들, 학업 스트레스 세계최고
28) 한국 1인당 세금 증가율 OECD 4번째
29) 한국 노동의욕 세계 최하위, 인재유출 '심각'
30) 은퇴 후 생활 자신감 '최하위'
31) "일한 만큼 못 번다" … 한국 최하위권
32) 저출산 악순환? … 기혼자 혜택 최하위

33) 사회보장 비중 OECD 최하
34) OECD "한국 10명 중 7명 정부 신뢰 안 해"
35) 한국 자살율, OECD 국가 중 '최고'
36) 한국 사법제도 신뢰도 42개국 중 39위
37) 박근혜 정부 낙하산 인사 … 5명 가운데 1명 꼴
38) 한국 아동 '삶의 만족도 OECD 꼴찌'
39) 한국 복지지출 … OECD 꼴찌
40) 한국 어린이·청소년 삶의 만족도 'OECD 국가 중 꼴찌'
41) 사기사건 하루 600건 '사기공화국'
42) 한국, 의료비 증가율 OECD 최고
43) 전체 가구 20% 월세 살이 … 생활비 5분의 1
44) 한국 전체 취업자 평균 근로시간 OECD 2위
45) 'OECD 2위' 한국만 유독 물가상승 높은 이유는
46) 한국 GDP 대비 복지비 비율, OECD 최하위
47) 아이들 '삶의 질' 꼴찌
48) 직장인 유급휴가 한국이 '꼴찌'
49) 한국 아동복지 지출 OECD 최하위
50) 성평등 순위 136개국 중 111위
51) 빈부 격차 최대 … 한국 노인 빈곤율 1위

52) '어려울 때 의지할 사람 없어' 한국, OECD 중 꼴찌

53) 한국 정규직, OECD 평균보다 해고 쉬워

54) 남녀 임금격차 OECD 3배

55) 한국 사회자본지수 OECD 최하위권

56) 교사 만족도, OECD 국가 중 꼴찌

57) 아동 성범죄 절반 집행유예

58) 서울 생활비 '껑충'… 도쿄 제치고 '8위'

59) 최저임금… 두 자녀, 빈곤탈출에 주 62시간 노동

60) 한국 '유리천장' 지수 OECD 최하위

* 출처_ 한겨레신문 2015년 12월 3일자 〈대한민국이 '헬조선'인 60가지 이유를 알려드립니다〉

우선 읽고 나면 '60가지 이유'라는 제목과 달리 몇 가지 이유가 두 번 이상 반복하여 등장한다는 사실을 알 수 있다. 그러나 이들 유사한 내용을 엄격히 1회씩만 등장하게 제한하는 방식으로 제거하여 이유를 56가지 혹은 57가지로 확정한다 하더라도, 이후 대한민국을 헬조선으로 볼 수밖에 없는 '이 글에 등장하지 않은' 나머지 3-4가지 이유를 찾을 수 없을 리는 만무하기 때문에, 이는 부차적 사태일 뿐이

다. 사실 우리는 대한민국이 헬조선인 **500가지 혹은 1,000가지 이유**도 중복되는 내용 없이 정연하게 제시할 수 있을 것이다.

대한민국은 헬조선이다. 좋다. 나는 이러한 언명에 동의한다. 그러나 이 지점에서 나는 이에 대한 독자의 정당한 질문 하나를 생각해 본다. 당신 말대로라면, 대한민국이 헬조선이라는 말은 정확히 말해서 하나의 특정 관점 곧 당신의 관점에서 바라보았을 때 대한민국이 헬조선이라는 말이다. 혹시 당신의 관점과 관심이 대한민국의 성과는 부정하고 실패는 강조하는(강조하고 싶어 하는) 자학적 관점, 실은 악의적 관심은 아닌가? 일리 있는 말이다. 가령 나는 대한민국이 '헤븐조선'인 500가지 혹은 1,000가지 이유도 나열해 볼 수 있을 것이다. 모든 것은 관점의 문제다. 따라서 2016년의 대한민국이 헬조선이라는 명제는 사실판단이라기보다는 주어진 특정 관점과 관심하에서 구성된 하나의 **의견**an opinion이다. 그리고 대부분의 사람들은 자신의 의견이 관점과 관심이 배제된, 있는 그대로의 진실the Truth이라고 믿는다. 이는 자신에게 옳게 보이는 것, 자신에게 의심의 여지

없이 사실로 보이는 것이 관점이나 해석이 배제된, 있는 그대로의 사실 그 자체라고 생각하는 것이다. 대단히 순진한 생각이다. 2016년의 대한민국이 헬조선이라는 명제는 사실판단이기 이전에 하나의 특정 관점과 관심에 의해 선택된 사실들로 구성된 하나의 **가치판단**이다. 단적으로 대한민국이 헬조선이라는 말은 대한민국이 살 만한 나라가 아니라는 말, 여기서는 **못 살겠다**는 말이다. 이는 대한민국은 헬조선이며 나는 이 나라가 맘에 안 든다, 혹은 어하튼 이 나라의 현 상태가 마음에 들지 않으며 따라서 이민을 가는 경우가 아니라면 이 나라를 **바꾸고 싶다**는 말과 다름없다. 그리고 이러한 사실판단, 보다 정확히 가치판단은 대한민국 구성원들의 대다수, 혹은 상당수에게 유의미한 명제로서 일정한 동의를 얻고 있다. 그리고 많은 사람들이 대한민국이 헬조선이라는 말을 어떤 과장된 말, 혹은 심하게 말해서 비뚤어진 일부의 부정적 편견만은 아니라고 생각한다.

3. '대한민국은 헬조선'이라는 말은 악의적인 부정적 인식이 아닐까?

그러나 과연 '대한민국은 헬조선'이라는 말이 악의적인 말은 아니라 하더라도 정녕 과장된 말, 지나친 말이 아닐까? 대한민국에는 그렇게 나쁜 것들만 있을까? 대한민국은 그렇게 악한 나라, 못난 나라이기만 할까? 원래 잘살던 선진국들을 제외하고 후발주자로서 산업화와 민주화 양자에 성공한 나라는 전 세계에 대한민국 하나뿐이다. 이는 사실이다. 따라서 우리는 대한민국을 헬조선이라고 '비하'할 것이 아니라 오히려 자랑스러워해야 하지 않을까? 대한민국에도 긍정적인 점, 잘난 점, 훌륭한 점이 많이 있다. 그럼에도 우리가 우리의 좋은 점을 보지 못하고 오히려 우리를 '폄하'하는 것은 **우리의 눈이 너무 높아서** 그런 것은 아닐까? 이러한 의문을 던지는 이들도 역시 그렇지 않은 이들과 마찬가지로 상식적인 사람들이다. 나와 다른 생각을 가지고 있다고 해서 그가 반드시 비상식적이거나 비합리적인 사람이리라는 생각은 치졸한 자기중심주의이다. 대한민국이 헬조선이라는 주장을 부정하는 이들이나 최소한 동의를 유보하는 이들도 대한민국에 문제가 있다는 사실 자체를 부정하거나 대한민국이 정말 살기 좋다고만 말하는 것은 아니다. 다만 이들은 대한민국이 단기간에 급속한 성장을 했고, 그 바람에 국민들의 눈이 너무 높아져서 이상적인 관점으로 대한민국의 현실을 과도하게 부정적인 관점에서 저평가한다는 주장을 펼치는 것에 가깝다. 그렇지 아니한가?

국가통계포털KOSIS에 들어가 보면 대한민국의 2015년 기준 1인당 국민총소득(명목)은 27,340달러다. 그런데 내가 고등학교를 다니고 대학에 입학한 80년대 초중반만 하더라도 우리나라 일인당 국민소득이 2,000~4,000불 밖에 되지 않았다. 대한민국의 급속한 경제성장이 논의의 관건 중 하나이므로 대한민국이 얼마나 '기적적인' 성장을 이루었는지 살펴보도록 하자. 국가통계포털의 자료에 입각하여, 통계가 제시된 1953년부터 대략 5년 단위로 일인당 국민소득(명목)을 정리하면 다음과 같다.

연도	일인당국민소득(달러)
1953	66
1960	79
1965	108
1970	253
1975	615
1980	1,703
1985	2,456
1990	6,514
1995	12,337
2000	11,951
2005	18,654
2010	22,147
2015	27,214

표에서 보시다시피 대한민국은 '한강의 기적'이라 불리는 고도성장을 실제로 이루었다. 우리에게는 『문명의 충돌과 세계질서의 재창출The Clash of

Civilizations and the Remaking of World Order』(1996)로 유명한 새뮤얼 헌팅턴Samuel Huntington, 1927-2008도 『문화가 중요하다Culture Matters』(2000)에서 한국을 '일본과 아시아의 네 마리 용들(대만·홍콩·싱가포르·대한민국)' 중 하나로 언급한다. 그렇다. 대한민국은 '원래 잘살았던 나라들'을 제외한다면 2차 세계대전 이후 이른바 '산업화'와 '민주화' 모두에 성공한 **유일한 나라**이다. 분명, 우리는 이를 자랑스러워해도 좋다.

그런데 나는 이와 관련하여 어릴 적부터 의문이 하나 있었다. 대한민국이 OECD에 가입한 1996년 이후에는 조금 덜해졌지만, 그 이전인 1970~1980년대에 언론에 나타난 판단 기준이 상당히 의아스러웠던 것이다. 이를 테면 이런 것이다. 대한민국은 "미국보다 못하다", "일본보다 못하다", "유럽보다 못하다", 혹은 "세계 1위권이 아닌 경우 어느 나라보다 못하다".

이것은 좀 이상한 논리가 아닌가? 요즘, 그러니까 2016년에는 이런 비교가 합당하고 응당 우리가 스스로를 비교해 보아야 할 기준이 될 수 있을 것이다. 그러나 국민소득이 2,000~4,000달러에 불과한, 모든 면에서 선진국과 비교도 되지 않는 시점에서 이들과 우리나라를 비교하여 우리나라는 아직 멀었고 문제가 많다고 비판하는 것이 과연 합당한 것인가? 객관적 현실을 무시한 비교가 아닌가? 그리고 바로 이러한 '너무 높은 눈으로' 대한민국을 바라보는 황당한 비교의 패러다임이 오늘날 '헬조선'을 외치는 사람들의 무의식적 관념을 지배하고 있는 것이 아닐까? 나는 이러한 이의제기가 일면 매우 타당하며, 오늘의 우리가 스스로에게 한번쯤은 반드시 물어보아야 할 자기 성찰의 유효한 측면이라고 생각한다. 그리고 실은 내가 바로 이렇게 생각했다. 나는 1980년대, 그리고 1990년대 내내, 복지의 수준이 너무 낮고 모든 면에서 비합리적인 문제가 많은 우리나라를 비판하면서도 이러한 의심을 지울 수가 없었다. 그런데 1996년의 어느 날, 다음과 같은 신문 기사 하나를 보고 나의 이러한 의심이 실로 순진한 것이며 나아가 어리석은 것임을 절실히 깨달았다. 길지도 않은 그 기사는 엘지경제연구원의 조사 결과를 보도한 것이었다. 다음이 그 전문이다.

1만달러시대 당시 한·미·독·일 비교 "부자한국 국민은 가난"
사회보장 독일의 16%, 공공교육 미국의 50%
"국가와 기업은 부자지만 국민과 근로자는 가난하다."

재벌과 관료만 떵떵거리고, 국민들은 하루 종일 허리가 휘도록 일하고도 집 한 채 장만하기 어려운 일본의 전철을 한국이 고스란히 되밟을 우려가 있다는 지적이 나왔다. 엘지경제연구원은 94~95년 현재의 한국과, 1인당 국민소득 1만 달러를 막 돌파할 무렵의 미국·독일(78년), 일본(84년)의 보건의료·교육·환경 등 사회관련 지표를 비교한 결과를 토대로 이렇게 지적했다. 한국은 이때 1인당 국민소득이 1만 달러 수준에 이르렀으나, 거의 모든 부분에 걸쳐 이들 나라와 큰 격차를 보인 것으로 나타났다. 국민총생산GNP 대비 정부의 사회보장비 수준은 한국(94년)이 1.9%인 반면 미국은 6.1%, 독일은 12%, 일본은 9.2%였다. 인구 1일당 공공교육비도 한국(95년)은 3백32달러인데 비해 미국은 6백76달러, 일본은 5백57달러였다. 인구 1천 명 당 의사수도 한국(94년)은 1.2명으로 미국(1.9), 독일(2.3)에 비해 절반 가까이 적었다. 이밖에 주택 보급률도 한국(94년)은 84.2%로 88년의 일본 (111.1%)보다 못하고, 방 하나의 인원수도 1.5명으로 대만(0.9)이나 닭장 같다는 일본(0.7)보다도 훨씬 못했다. 엘지경제연구원은 국민생활의 질이 낮을 경우 사회적 혼잡도 가중, 환경오염, 교육시스템의 질 저하와 노동생산성 하락 등 막대한 사회적 비용이 든다고 지적하고, 일본의 전철을 밟지 않기 위해서는 사회복지와 국민생활 환경개선 등에 대한 자원 투입이 시급하다고 강조했다.

*출처_ 박태웅 기자, 한겨레신문 1996년 3월 24일자 9면

이후로 오늘까지 나는 이러한 비슷한 통계를 수도 없이 찾아보았다. 그리고 그 결과는 하나같이 다음과 같은 사실만을 더욱더 확실히 인식시켜 주었다. 그것은 바로, 21세기의 대한민국이 유사한 경제적 수준에 도달한 국가들 중 분배의 불평등과 복지의 미비에서 인류 역사상 유래 없는 최악의 기록을 세우며 홀로 나아가고 있다는 것이다. 오늘도 여전히!

우리는 지금으로부터 정확히 20년 전인 1996년 엘지경제연구원의 경고를 새겨들었는가? 우리의 오늘은 1996년 엘지경제연구원의 경고를 경청하고 사

태를 근본적으로 개선하여 그들이 경고한 불행한 사태를 막는 데 성공했는가? 전혀 아니다. 2016년의 대한민국은 경제적 수준을 포함한 모든 측면에서 더 이상 1960년대나 1980년대, 혹은 2000년대 초의 대한민국이 아니다. 그러니 2016년의 대한민국이 헬조선이라는 말은 악의에 가득 차 현실 감각을 상실한 부당한 언사가 아니다.

이제, '대한민국은 헬조선'이라는 명제의 두 번째 층위를 살펴보자. 첫 번째 층위를 **사실판단의 층위**라고 부른다면, 두 번째 층위는 **담론적 사실의 층위**라고 부를 수 있을 것이다. 이는 간단히 증명된다. 실제적 사실이 어떠하든, 해당 사회의 구성원들 중 상당수가 그 사회를 헬조선이라고 **느낀다면** 그 사회는 헬조선이라고 생각될 이유가 충분한 사회이다. 가령, 어떤 가정의 구성원들 상당수가 우리 집이 '불행하다'고 생각하는데, 남들이 나서서 너희 집은 너희들의 눈이 높아서 그런 것일 뿐 사실 불행하지 않으며, 세상에 너희들보다 불행한 집이 엄청나게 많고 너희 집은 사실 '행복한 편이다'라는 식의 말을 할 때, 이를 심리적·심정적으로 동의할 사람이 과연 몇이나 될지 궁금하다. 내가 직장 일이 힘들다는데, **남들이** "그래도 너희 직장은 편한 편이고 네 고생은 고생도 아니다"라고 말할 때, 내 삶이 힘겹고 고통스럽다는 나의 느낌과 판단은 존중되지 않고 있다. 남에게 "너는 힘든 것도 아니다"라고 말하는 사람 자신도 남들이 자신에게 이런 말을 한다면 쉽게 동의하기 어려울 것이다.

대한민국이 실제로 헬조선인가 아닌가는 사실의 문제이기보다는 해석의 문제 혹은 가장 나은 경우 판단의 문제이므로 이와 관련된 객관적 정답이란 없다. 요약하면, 대한민국 국민들 중 일정 수, 또는 상당수가 대한민국을 헬조선이라고 본다는 **사실**이 존재한다는 것만으로도 이 글을 지속하기에는 문제가 없다는 말이다.

4. 왜 대한민국은 헬조선으로 인식되는가?

그렇다면 대한민국은 왜 남들이 아닌 그 구성원들에 의해 헬조선으로 인식되는가? 내 생각에 이에 대해 가능한 대답은 기본적으로 다음의 세 가지일 것이다. ①눈이 높아서, 고생을 덜해서, 고마운 줄을 몰라서 ②대한민국이 실제로 헬조선이라서 ③대한민국을 부정하려는 세력의 악의에 찬 폄하 때문에. 이를 한 가지씩 살펴보자.

①눈이 높아서, 고생을 덜해서, 고마운 줄을 몰라서. 연령대가 높은 분들 중 적지 않은 분들이 이렇게 생각하며, 젊은 분들 중에도 이렇게 생각하는 분

들이 있다. 이들은 한국을 헬조선이라고 말하는 사람들을 보며 '자기 현실을 인정하지도 않고 꿈만 커서 스스로 자초한 고통으로 고통받으며 엄살을 떤다'고 생각한다. 대기업 못 들어가면 중소기업 들어가면 될 걸, 그 현실을 인정하지 못하고 자존심만 내세우며 스스로 초래한 실업 상태나 빈곤 상태에 있는 사람들을 인정하거나 도와줄 필요가 없다고 생각한다. 그리고 이러한 생각의 배면에는 상당수의 경우 근본적으로 '아직 고생을 덜해서, 아직 배가 불러서, 아직 배가 덜 고파서'라는 생각이 놓여 있다. 이런 생각을 하는 분들은 실제로 자신이 과거 극심하게 배가 고팠고, 억울하고 힘들어도 무엇이든 했던 분들, 한마디로 '자신의 과거는 실로 고통스러웠지만 아마도 오늘 그 과거에 대해, 그 과거를 이겨 내고 이 자리에 선 자신에 대해 일정한 자부심을 가지고 있는 분들'일 것이다. 이러한 자부심은 실로 건강한 것이며, 이해받고 존중받아야 할 소중한 가치이다. 그러나 이러한 가치와 관점을 **나와 상황이 다르고, 다를 수밖에 없는 타인들**에게 무차별적으로 적용시킨다면, '나는 했는데, 너는 왜 못하니' 담론으로 가게 된다. 그 결과는 어떨까? 고학으로 성공하였거나 가족들을 먹여 살리기 위해 자신의 꿈과 공부를 포기하고 자수성가한 사람이 자기 자식들에게 '네가 안 되는 이유는 네가 게을러서 그렇다'라고 말하는 식의, '악의 없는' 무지하고 우악스러운 자기중심주의가 된다. 이는 결국 '내가 해 봐서 아는데' 담론으로 귀결되기 십상이다. 나의 경험은 귀하고 소중한 것이지만, 우선 객관적 현실이 근본적으로 달라졌고, 남들에게 자신의 경험과 인식을 강요하는 것은 본의 아닌 폭력이다. 어떤 사람에게는, 혹은 어떤 사람의 어떤 부분에 대해서는 이런 인식이 옳을 수도 있다. 그러나 이런 생각을 가진 사람도 누군가가 "당신이 성공하지 못한 이유는 근본적으로 당신이 게으르고 불성실하기 때문"이라고 비난한다면 이러한 의견을 받아들이기는 쉽지 않을 것이다.

이러한 인식의 가장 근본적인 문제는 그것이 인식론적으로 **경험적 자기중심주의**를 유일한 올바른 입장으로 전제한 연후에 논의를 전개하기 때문이다. 이러한 인식론적 무지는 당사자의 의도와도 무관하게 실제로 윤리적 악을 낳는 결과를 가져온다. 대한민국을 헬조선이라고 말하는 모든 사람 혹은 **대부분의** 사람이 자신의 게으름 때문에, 또는 자기 수준을 현실적으로 인정하지 못하기 때문에 그런 자기 합리화를 하고 있는 것이라는 식의 도덕적 비난은 차라리 사회의 구조적 모순에 대한 인식의 결여, 곧 **사회과학적 인식의 결여**에 기인한 것인지도 모른다.

②**대한민국이 실제로 헬조선이라서.** 이에 대한 논의는 위에서 일정 부분 이루어졌고, 무엇보다 이는 사실의 문제라기보다는 차라리 판단의 문제, 해석의 문제에 가까우므로 이 자리에서는 일단 이를 적시해 두는 것으로 만족하기로 하자.

③**대한민국을 부정하려는 세력의 '악의에 찬 폄하' 때문에.** 그럴 수도 있다. 실제로 오늘의 대한민국에는 대한민국을 부정하려는 이른바 '악의에 찬 세력'이 엄존하고 있지 않은가? 이는 일정 부분 유의미한 문제 제기이므로 간단하게라도 검토해 볼 가치가 있다.

우선 '대한민국은 헬조선'을 외치는 사람들 중 일

부는, 실제로 몇몇은 대한민국을 전면적으로 부정하는 사람들일 것이다. 그런 사람이 전혀 없지는 않을 것이다. 그러나 대한민국에는 대한민국의 정체성과 정통성을 인정하면서도 대한민국의 문제점을 지적하는 수많은 건강한 시민들이 있다. 대한민국의 문제점을 지적한다는 사실 자체가 마치 대한민국을 부정하는 것인 양 호도하는 세력이야말로 여론을 왜곡하는 '악의에 찬' 세력이다. 어떤 일군의 사람들이 비뚤어진 개인적 악의로 자유주의를 지지 혹은 비판한다고 해서 자유주의를 지지하거나 비판하는 다수 시민들 전체의 건강성을 의심하는 것이 어리석은 일인 것처럼, 어떤 일군의 사람들이 개인적 악의로 대한민국을 비판한다고 해서 대한민국을 비판하는 다수 시민들의 건강성을 의심해서는 곤란하다. 대한민국을 비판하는 행위와 대한민국을 부정하는 행위 사이에는 필연적인 인과관계가 없다. 나아가 대한민국의 문제점을 지적하고 비판하는 것 자체가 '자학적'이며 '악선전'이라는 주장이 있을 수 있는데, 이 역시 황당한 말이다. 이러한 주장이 옳은 것이 되려면 대한민국은 문제점이 전혀 없거나, 문제점이 있어도 지적하면 안 된다는 말이 된다. 이는 사실이 아니거나 부당한 입장일 수밖에 없다. 2016년 현재의 여당인 새누리당에서 새누리당의 문제점을 지적하고 비판하는 모든 이들이 필연적으로 새누리당을 부정하는 적대세력이라는 말인가? 이러한 관점은 실로 명백한 '악의적' 해석이라고 말할 수밖에 없다. 이미 1798년에 프러시아의 철학자 칸트는 이처럼 '자신이 속한 국가 혹은 조직에 대한 비판 자체가 곧 배신이며 배반'이라는 주장에 대하여 다음과 같은 명언을 남겼다. "국민들의 불만은 자국의 정치체제에 대한 불만족의 증거가 아니라 사랑의 증거이다. [...] 그럼에도 불구하고 비방하기 좋아하는 선동자들은 자기 자신을 뽐내기 위해서 이러한 순수한 동기의 정담을 혁명욕이나 급진주의 내지는 국가를 위험에 빠뜨리는 선동으로 간주한다."(임마누엘 칸트, 『칸트의 역사철학』, 이한구 편역, 서광사, 1992, 122쪽) 시대는 달라져도 인간의 행태는 그리 달라지지 않는 모양이다. 나아가, 만약 우리가 대한민국에 대한 비판을 대한민국의 부정과 동일시한다면, 이는 북한과 무엇이 다른가? 사실, 독재국가와 그렇지 않은 국가의 판정 기준은 간단하다. '민주주의' 국가에서는 그 나라의 집권세력을 독재세력이라 비판해도 감옥에 잡혀가거나 불이익을 당하지 않는다. 민주국가에서 이런 주장을 하는 사람은 그냥 "아, 당신은 그렇게 생각하는 사람이로구나" 정도로 간주되고 말뿐이다. 미국이나 일본, 독일, 프랑스를 생각해 보라. 그러나 '비민주국가'에서는 현 정부가 독재세력이라고 말하는 즉시 잡혀가 감옥에 갇히거나 적어도 상당한 현실적 불이익을 당한다. 북한이나 중국이나 러시아를 보라. 우리는 이들 중 어떤 나라들을 지향하는가? 그리고 대한민국의 현실은 어디에 더 가까운가? 가까이는 북한과 대한민국, 멀리는 근세 유럽의 역사가 증명하듯이, **민주주의와 독재 사이의 경쟁은 이미 끝났다.** 다음의 글을 읽고 당신은 어느 쪽을 지지할지 생각해 보라.

A라는 이념을 지지하는 이들이 집권하면 A이념의 반대파들, 곧 A이념을 지지하는 사람들을 제외한 모두가 감옥에 가고 죽게 된다. B라는 이념을 지지하는 이들이 집권하면 B이념을 지지하는 이들은 물론, B이념의 반대파들도 자유롭게 자신의 의견을 개진하며 공존할 수 있다. 그렇다면 나는 B이념을 지지하

겠다. 나 역시 남들과 꼭 같은 하나의 인간이고, 나의 확신도 남들 모두와 마찬가지로 틀릴 수 있음을 인정한다. 그러므로 나는 남들의 의견을 경청하고자 한다. 영국의 여성 소설가 홀Evelyn Beatrice Hall, 1868~1956은 『볼테르의 친구들The Friends of Voltaire』(1906)에서 민주주의적 관용과 타인의 말할 자유에 관련된 볼테르Votair, 1694~1778의 태도를 다음처럼 정리했다.

"나는 너의 의견에 반대하지만, 네가 너의 의견을 말할 수 있는 자유를 얻기 위한 투쟁에 나의 목숨을 걸겠다."

이런 의미에서 '당신이 당신과 의견을 달리하는 이들의 말할 자유를 인정하지 않는다면, 당신은 인간의 말할 권리를 전혀 인정하지 않는 것'이라는 촘스키Noam Chomsky, 1928~의 말은 실로 옳다.

나아가 이 모든 것과 관련된 궁극적 문제가 하나 있다. 오늘 대한민국이 헬조선이라는 말도 안 되는 악의에 찬 말이 대한민국의 구성원들에게 **왜 설득력을 갖는 것일까**? 이런 말도 안 되는 '악선전'이 왜 먹히는 것일까? 대한민국 국민들이 바보라서? 합리성이 결여된 어리석은 인간들이라서? 전혀 그렇지 않다. 대한민국 국민들이 '어리석어서'라는 식의 주장을 펴는 사람은 우선 자신만은 이러한 '어리석은 대한민국 국민'에 속하지 않는다는 대전제하에서 논의를 전개하는 근본적 오류를 범하고 있기도 하지만, 이러한 논의는 그 자체로 어리석은 현실 부정적 '견강부회'에 불과하다. 나는 이러한 주장을 펴는 이들의 말과는 정반대로 대한민국이 헬조선이라는 주장이 대한민국 국민들에게 설득력을 갖는 이유는 차라리 다음과 같은 것이라고 생각한다. **국민들이 더 이상 바보가 아니라서!**

이에 더하여 이러한 논의 자체가 국론 분열을 초래한다는 주장을 펼치는 사람들이 있는데, 이는 민주주의에 어긋나는 생각이다. 지금이 이른바 '만장일치'를 논의의 기준으로 삼는 신라의 화백제도 체제라면 모를까, 21세기 현대 민주주의 사회에서 만장일치란 불가능한 일일뿐더러, 있어서도 안 되는 일이다. 우리가 선진국으로 인정해 마지않는 미국이나 일본 유럽의 나라들을 보라. 그들 선진국에서는 국가의 주요 사안, 혹은 선거 때만 되면 가히 완벽한 국론 분열이 일어난다! 그러나 선거가 끝나면 모든 이들이 백가쟁명의 허심탄회한 의견 개진과 수렴을 거친 상태이므로 군말 없이 동의한다. 바로 이것이 진정한 사회 통합을 가져오는 유일한 길이다. 이런 상황에서는 설령 누군가가 충분한 의견 수렴 기간을 거친 적법한 사회적 합의에 대하여 반대한다고 해도 그녀는 소수파로 남을 수밖에 없다(물론 우리는 이러한 그녀의 행동이 '반드시' 잘못된 것이라고 일괄적으로 말할 수도 없다). 그러나 현재의 러시아나 중국, 북한에 '국론 분열'이 있는가? 전혀! 전혀 없다! 오늘 이들 나라의 현실이 보여 주는 것처럼, 21세기 현대 사회에서의 '국론통일'이란 실상 강자에 의한 약자의 강제적 침묵 이상의 어떤 것도 아니다. 우리가 러시아나 중국 혹은 북한 모델을 추구한다면 모르되, 이른바 미국이나 유럽 혹은 일본과 같은 '선진국' 모델을 추구한다고 할 때, 민주주의 사회에서 일어날 수밖에 없는 구성원들 사이의 당연하고도 필연적인 의견 차이와 대립을 '국론 분열'로 보는 것 자체가 시대착오적 난센스이다! 세월호 혹은 옥시 사태와 관련된 배상에 관하여, 위안부 문제 합의에 관하여, 혹은 비록 실제로 국가안보에 관련된 군사기밀이라는 일정한 특수성과 한계가 있다 하더라도, 사드 배치 여부 및 배치 시의 장소 확정 등에 관하여 정부가 인내와 끈기를 갖고 충분한 시간을 들여 각계각층의 의견을 수렴·논의하는 과정이 존재했다면, 정부가 그렇게 차단하고자 하는 유언비어가 생겨나고 또 먹히기나 할까? 이러한 과정을 거쳐 내린 정부의 결정에 반대하는 사람들에게 얼마나 많은 사람들이 동의를 표할까? 정리해 보자. 이른바 '국론 분열'이란 민주주의의 기본적 성격도 이해하지 못하는 이들의 시대착오적인 낡은 주장으로, '자신들의 의견과 다른 의견은 인정될 수 없다'는 반反 민주주의적 아집에 불과하다.

볼테르에게도 커다란 영향을 미친 영국의 유명한 철학자 존 로크John Locke, 1632~1704는 이미 1689년 네덜란드에서 출간한 『관용론』의 결론 부분에서 이렇게 말한다.

"당신은 이렇게 말할 것입니다: 회합과 사람들의 조우가 공화국에 위험하며 평화를 위협합니다.[…] [그러나] 사람들은 공개적으로 모일 자유를 덜 가지고 있을수록 [다른 종파의 의견에] 덜 공감하는 것이 아니라 오히려 더 공감합니다.[…] 그러므로 [이제] 사실이 무엇인지 말합시다: 통치자는 다른 교회들을 두려워하지만 자기 교회는 두려워하지 않습니다. 왜냐하면 통치자는 자기 교회에 대해서는 호의를 갖고 있으며 관대하지만, 다른 교회들에 대해서는 엄격하고 잔인하기 때문입니다. 자기 교회에 대한 통치자의 태도는 어린아이들을 대하는 태도와 같아서 방종에 대해서까지 관대합니다. 반면에 다른 교회들에 대한 통치자의 태도는 노예를 대하는 것과 같아서 강제수용소, 감옥, 권리 상실, 재산 몰수, 더 빈번하게는 무고한 목숨을 대가로 하는 일들이 벌어집니다. 자기 교회들은 보살핌을 받지만, 다른 교회들은 어떤 이유에서건 채찍을 맞습니다. [하지만] 처지가 바뀐다면, [또는 다른 교회에 속한 사람들이] 시민적 사안에 있어서 다른 시민들과 동등한 권리를 누린다면, 당신은 종교적 회합을 더 이상 두려워할 필요가 없음을 즉각 알아차리게 될 것입니다. 왜냐하면 만약 어떤 사람들이 이른바 교회를 분리하려고 궁리한다면, 그러한 일에 사람들이 모이도록 설득하는 것은 종교가 아니라 억눌린 비참한 상황이기 때문입니다. 공정하고 온화한 통치는 어디에서나 평온하고 어디에서나 안전합니다. 불의와 폭정에 괴롭힘을 당하는 사람들은 언제나 저항할 것입니다.[…] **인민을 폭동으로 모는 것은 언제나 단 한 가지, 억압입니다.**"(존 로크, 『관용에 관한 편지』, 책세상, 2008, 80~83쪽. 강조는 인용자의 것)

대한민국이 헬조선이라는 말이 상당수의 국민들, 특히 젊은이들에게 설득력을 얻는 이유는 그들이 바보거나 어리석어서가 아니라, 대한민국의 현실이 어떤 논리와 수사로도 정당화되기 어려운 불합리한 불평등 구조를 실제로 유지하고 있기 때문이다. 대한민국을 **실제**로 헬조선이라 부르지 않을 수 없다.

이쯤에서 '대한민국 헬조선' 담론에 관련된 나의 대전제를 밝혀야 하겠다. 이른바 산업화와 민주화 양자에 성공한 거의 유일한 나라인 오늘 2016년의 부강한 나라 대한민국은 왜 '헤븐조선'이 아니라 '헬조선'이 되었는가? 그 이유는 간단하다. 대한민국이 이견의 여지없이 **산업화와 민주화 양자 모두에 성공했기 때문**이다. 이른바 '산업화'가 성공하지 못했다면 대한민국은 오늘날에도 여전히 기아선상에 허덕이는 많은 불행한 나라들처럼 태곳적 이래 늘 그래

왔던 것처럼 그냥 '헬'이지 요즘 들어 '헬조선'이란 말이 따로 생기지도 않았을 것이다. 민주화가 성공하지 않았다면, 지금 대한민국의 정치상황이 여전히 박정희나 전두환이 대통령으로 집권하던 1970년대 혹은 1980년대였다면, 현재의 북한에서 그러한 것처럼 '헬조선' 같은 말은 어둠침침한 지하 시장이면 몰라도, 언론이나 사회관계통신망sns을 장악하지는 못했을 것이다. 2016년의 대한민국은 더 이상 이전처럼 못사는 나라가 결코 아니며, 마찬가지로 이전과 같은 폭압적인 독재국가도 아니다. 나라는 잘살고 민주주의는 나름으로 이루어졌다고 하는데, 여전히 평범한 시민인 나의 삶은 너무 힘들고 너무도 억울한 일투성이이며 오히려 전보다 못해졌다. 그런데도 윗세대는 오히려 "감사할 줄 알아라, 눈을 낮춰라"라고 말한다. 1960~1970년대, 혹은 1980~1990년대만 되었어도 그런 말은 먹혔을 것이다. 그러나 지금은 2016년이며 대한민국은 결코 못살지 않고 오히려 잘산다. 정치 부분을 제외하고 사회 전 분야는 나름의 방식으로 고루 발전했다. 따라서 나는 나의 정당한 몫을 원한다. 이런 정당한 요구를 가진 아랫세대에게 윗세대가 "감사한 줄 알라"고 말하는 것은 전혀 무의미한 얘기, 한마디로 분위기 파악 못 하는 얘기다. 레알 마드리드와 맨체스터 유나이티드, 브라질과 스페인 축구를 보며 자란 젊은 세대에게 우리나라 축구가 1970년대에는 아시아에서도 말레이시아, 인도네시아와도 쉽지 않았고 사우디아라비아나 쿠웨이트를 만나면 고전을 거듭하는 팀이었는데 지금 피파 랭킹 50위면 엄청나니 감사한 줄 알아라, 눈을 낮추어라, 축구인들도 나름 고생한다, 너나 열심히 살아라, 이런 얘기를 한다면 당신은 듣겠는가? 지금이 무슨 1970년대, 1990년대인 줄 아는가? 지금은 2016년이다.

5. 자격 '부여/박탈' 담론의 정치학

그런데 바로 이러한 담론의 진짜 문제는 그것이 그저 황당하고 철 지난 담론에 그치지 않는다는 점이다. 이러한 담론은 대한민국을 헬조선이라고 생각하는 이가 그러한 생각을 펼칠 수 있는 자격, 곧 정당성 자체를 파괴한다. 푸코Michel Foucault,1926~1984가 정식화한 대로, 이러한 담론은 말하는 주체의 **자격**, 곧 **주체가 그러한 말을 할 수 있는 정당성**을 부여 혹은 박탈한다. 이는 그러한 담론이 발생시키는 **정치적 효과**이다. 세상을 이렇게도 볼 수도 있고 저렇게도 볼 수도 있을 때, 다른 식으로가 아닌 내가 보는 바로 이런 방식으로만 보아야 한다고 하는 것은 세계에 대한 해석의 독점, 곧 내가 말하는 해석권력이다. 해석권력은 특정한 관점, 곧 자신의 관점에 입각한 '하나의 해석'임에도 불구하고 자신의 해석임을 인정하지 않거나 인식하지 못한다. 자신의 해석을 사실 그 자체라고 믿는다. 그리고 그 결과, 자신의 입장을 타인에게 강요한다. 그러나 이 경우 우리가 주의하여 살펴야 할 것은 당사자가 자신의 해석을 하나의 해석이라고 인식하지 않고(실은 못하고) 있다는 것이다. 이 때문에 자신의 입장을 타인에게 강요하는 행위를 당사자의 **악의**에 기초한 것이라기보다는 차라리 **무지**에 기초한 것이라 보아야 할 경우가 더 많다는 사실이다. 칸트의 지적대로 인간은 인식의 틀 없이는 아무것도 인식할 수 없다. 따라서 하나의 인식이 존재한다는 사실은 이미 그것을 가능케 했던 인식의 틀이 먼저 존재하고 있었다는 사실을 의미한다. 그러나 대부분의 선남선녀들은 자신의 인식이 인식의 틀 없이 사실 그 자체를 있는 그대로 포착한 진리라고 믿는다. 그것은 그 사람이 바라보는 그 관점의 한도 안에서는 일정한 진실을 갖고 있겠지만, 그 자체로 사실이거나 진리 그 자체가 아니다.

사실 그 자체를 '있는 그대로' 포착하려면 인간은 사실의 전체를 알아야 한다. 하지만 어떤 인간도 인식의 틀 혹은 관점 없이는 인식할 수 없으므로, 그 사람이 생각하는 '사실' 그 자체란 실은 주어진 관점 안에서 조명되고 해석된 전체의 특정 부분이다. 유한한 인간이 무한한 관점과 무한한 사실들의 전체를 인식할 수는 없기 때문이다. 그렇다면 우리는 전체나 사실 자체는 모르더라도 '균형 잡힌' 판단을 하면 된다고 제안할 수도 있을 것이다. 하지만 이 역시 매우 순진한 생각이다. '전체'를 모르는데 어떻게 '균형 잡힌' 판단을 할 수 있는가? 어떤 이가 생각하는 균형 잡힌 판단이란 그 자신이 알고 인식하는 한도 내에서의 균형 잡힌 판단이다.

아르헨티나의 소설가 보르헤스는 자신의 글 「윌리엄 벡퍼드의 『바테크』에 관하여」(1943)에서 이와 관련된 재미있는 이야기를 우리에게 들려준 바 있다.

"현실은 너무 복잡하고 역사는 너무 단편적이며 단순화되어 있기에 전지전능한 관찰자가 한 사람의 전기를 쓰자면 아마도 각각의 독립적 사건들을 다루고 있는 전기들을 무수히 써내야 할 것이고, 또 독자들은 그 여러 권의 전기들을 읽고서야 그것들이 동일한 인물을 다루고 있음을 알게 될 것이다. 한번 한 사람의 인생을 터무니없다 싶을 만큼 단순화시켜 본다. 일단 평생 1만 3천 건의 일이 있다. 어떤 전기에는 이 가운데 이 가운데 11번째, 22번째, 33번째 일을 기록한다……. 또 다른 전기에는 9번째, 13번째, 17번째, 21번째 일을……. 그리고 또 다른 전기에는 3번째, 12번째, 21번째, 30번째, 39번째 일을……. 어떤 것은 주인공이 꾼 많은 꿈 가운데 하나의 이야기, 또 어떤 것은 주인공의 신체 기관들에 대한 것, 또 어떤 것은 주인공이 저지른 위선적인 행동에 대한 것, 또 어떤 것은 주인공이 피라미드를 떠올렸던 모든 순간들에 대한 기록일 수도 있을 것이다. 또 어떤 것은 밤을 꼬박 지새고 여명을 맞이하는 이야기일 수도 있다. 언뜻 보면 이 모든 것들은 망상에 불과한 것으로 보이지만, 애석하게도 그렇지 않다. 이 세상에는 작가의 전기를 쓰면서 문학적 일대기만을 쓰려는 사람도, 군인의 전기를 쓰면서 군인으로서의 일대기만을 쓰려는 사람도 없는 법이다. 전기를 쓰려는 사람은 주인공의 가계에 얽힌 이야기부터, 그를 둘러싼 경제적·정신병리학적·외과적 이력과 활자화된 이야기들까지 모든 일대기를 담고자 한다."(호르헤 루이스 보르헤스, 『만리장성과 책들』, 정경원 옮김, 열린책들, 1995, 238~238쪽)

 이 세상에 사실이 1만 3,000가지만 있다면 얼마나 좋을까! 그리고 사실들을 바라보는 관점이 1만 3,000가지만 있다면 얼마나 좋을까! 그렇다면 우리는 1만 3,000의 1만 3,000 승乘, 곧 1억 6,900만 가지의 사실과 관점들만을 갖게 될 것이다. 이때 우리는 이 1억 6,900만 가지의 사실들만을 잘 나열·정리·연구하면 될 것이다. 그렇게만 하면 우리는 우주의 있는 그대로의 사실을, 우주의 비밀을 알게 될 것이다. 그러나 애석하게도 세계에는 사실도, 사실을 바라보는 관점도 무한 가지가 존재한다. 우리의 모든 판단은 부분적이다. 이러한 인간 인식의 부분성은 어떤 인간도 피할 수 없는 것이며, 따라서 인간 인식의 **한계**라기보다는 차라리 **조건**으로 간주되어야 한다. 보르헤스가 위의 글을 쓰기 정확히 65년 전인 1878년, 니체는 자신의 『인간적인 너무나 인간적인』에서 이를 다음처럼 적절히 정리한 바 있다.

"32. **불공정함은 불가피하다** - 삶의 가치에 관한 모든 판단은 비논리적으로 발전해 온 것이므로 공정하지 못하다. 판단의 순수하지 못함은, 첫째 재료가 나타나는 양식에, 즉 극히 불완전한 점에 있으며, 둘째 재료에서 총계가 구성되는 양식에 있으며, 셋째는 재료의 모든 개별 부분이 순수하지 못한 인식의 결과이며, 더욱이 이런 순수하지 못한 인식의 결과가 다시 필연적이라는 점에 있다. 예를 들면, 어떤 사람이 우리와 가장 가까운 사람일지라도 그 사람에 대해 우리가 겪은 경험의 총체적 평가를 위한 논리적인 정당성을 부여할 만큼 완전할 수는 없다; 모든 평가는 성급하며 그것은 어쩔 수 없다. 결국 우리가 재는 척도, 즉 우리의 본질이라는 것은 결코 불변의 크기를 가진 것이 아니다. 우리는 분위기와 동요에 휩쓸리기도 한다. 그래도 우리는 우리에 대한 어떤 사항의 관계를 공정하게 평가하기 위해서는 스스로를 확실한 척도라고 믿어야만 한다. 아마 이상의 모든 면에서 본다면 사람은 전혀 판단하지 않는 것이 낫다는 결론을 내리게 될 것이다; 그러나 평가하지 않고, 혐오와 애착 없이 사람이 **살아갈** 수 있다면 얼마나 좋겠는가! - 왜냐하면 모든 혐오는 애착과 마찬가지로 역시 평가와 관련되기 때문이다. 유익한 것을 얻고자 원하고 유해한 것을 회피하는 감정 없이 그 무엇을 하고자 하거나 하지 않으려는 충동 그리고 목표의 가치에 대한 인식적인 평가가 없는 충동은 인간에게 존재하지 않는다. 우리는 처음부터 비논리적인, 따라서 불공정한 존재이며, **이것을 인식할 수 있다**. 이것이 현존재의 가장 크고 가장 해결하기 어려운 부조화 중의 하나이다."(프리드리히 니체, 『인간적인 너무나 인간적인 I』, 김미기 옮김, 책세상, 2001, 55~56쪽. 강조는 니체의 것)

따라서 우리의 모든 판단은 대상 그 자체의 것이 아닌, 인간적인 너무나 인간적인 판단이다. 이미 칸트가 지적한 대로, 우리는 우리가 사물에 미리 넣어 놓은 것만을 다시금 찾아내어 바라볼 뿐이다. 유한한 어떤 인간도 전지전능하고 무한한 신이 아니다. 따라서 우리가 믿는 모든 사실 판단은 실제로는 이미 우리의 관심과 관점이 반영된 한도 내에서 선택된 사실 판단이다. 모든 사실은 특정 관점 아래 선택된 사실이다. 니체의 책으로부터 93년이, 보르헤스의 글로부터 28년이 지난 1971년, 푸코는 『니체, 계보학, 역사 Nietzsche, la Généalogie, l'Histoire』에서 이렇게 쓴다.

"니체가 이해한 바의 역사적 감각은 자신이 관점적이라는 것을 알고 있으며, 따라서 자신의 불공정한 체계를 거부하지 않는다."(Michel Foucault, "Nietzsche, la Généalogie, l'Histoire", Dits et Écrits I, Gallimard, 2001, p.1018)

그러나 자신이 '있는 그대로의 사실 그 자체'를 본다고 생각하는 이는 자신의 생각을 객관적이고 중립적인 것, 한마디로 합리적인 것으로 여긴다. 따라서 나의 합리성과 다른 너는 합리적이지 않다. 다시 말해 비합리적이다. 따라서 너의 비합리적인 생각은 틀렸고, 나의 합리적인 생각은 옳다. 이제 너는 네 주장의 합리성을 주장할 **자격이 없으며**, 따라서 네 주장은 기각된다. 이는 한마디로, 내가 너를 **교정해 줄 권리**를 갖게 된다는 말이다. 그런데 재미있는 것은 나만 이렇게 생각하면 좋겠지만, 상대 역시 나를 이렇게 보고 있다는 점이다. 그리고 스스로를 합리적이라고 생각하는 각자는 모두 '상대가 비합리적'이라고 주장한다.

니체와 푸코의 제안은 이를 판정하는 두 개의 층위를 구분하자는 것이다. 만약 두 사람이 **동일한 진리**

게임을 하고 있다면, 이 경우에는 옳고 그름이 명백히 가려질 수 있다. 1+1=2라면, 2+3=5이다. 이 경우 2+3=6 따위를 주장하는 것은 그냥 틀린 것이다. 그러나 양자가 **상이한 진리 게임**을 하고 있을 경우, 이 경우에는 해결책이 없다. 양자를 가로지르는 메타 합리성이 존재하지 않기 때문이다. 골프를 하는 이와 축구를 하는 이, 영어를 하는 이와 한국어를 하는 이, 세월호를 말하는 이와 말하지 않는 이, 나아가 음악을 듣는 이, 밥을 먹는 이, 잠을 자는 이, 운동을 하는 이 사이에서 어느 것이 옳은지를 말하는 것은 무의미한 일이다. 이는 그저 각자의 관심이며 선택이다. 이들 행위 모두는 각자의 입장에서 합리적일 수 있다. 모든 합리성은 그 합리성이 수행되고 발화되는 상황 안에서 특정 효과를 발휘한다. 역사와 사회와 무관한 합리성, 하늘에서 떨어진 글자 그대로 객관적 합리성은 없다. 때로는 합리성만을 뇌까리는 것이 가장 비합리적인 효과를 낳을 수도 있다. 운동장 자체가 기울어져 있을 때(인식 자체가 특정 관점 없이는 성립할 수 없으므로, 모든 사실은 선택된 사실이며, 따라서 언어와 인식, 개념 자체가 실은 하나의 특정 관점으로 '기울어진 운동장'이다), 중립과 합리성은 발화자의 의도와도 무관하게 가해자에게 유리하게 작용할 수 있는 것이다. 이 모든 논의가 우리에게 제기하는 질문은 다음이다. 합리성은 '합리적'인가? 합리성은 언제, 어떤 조건하에서 '합리적'이 되는가?

6. 프랑스의 1968년 5월 - "이해할 수가 없다!"

한국사회는 참으로 '다이나믹 코리아'이다. 나는 헬조선에 관한 이 글을 올해, 그러니까 2016년 초에 쓰기 시작했다. 순전히 나의 게으름으로 글이 늦어지고 있을 때 4.13 총선이 치루어졌다. 그 결과는 **아무도 예상하지 못한** 여당의 참패, 야당의 승리였다. 헬조선 담론을 구성하고 있던 다양한 요소들 중 일정 부분이 사라진 듯도 싶지만, 헬조선이 이렇게 예상치 못한 선거 결과 하나, 대통령 한 사람 바뀌었다고 끝날 것이라고 믿는 것은 지극히 순진한 생각이다. 헬조선이 하루아침에 생겨난 것이 아닌 만큼 헬조선을 넘어 새로운 바람직한 모습으로 나아가는 길도 가히 멀고도 험할 수밖에 없다. 대한민국은 광우병, 세월호, 옥시를 넘어 오늘도 한없는 또 다른 '지옥'을 그려 내며 인류 분배 불평등 역사의 기록을 세우고 또 세우며 전진하고 있다. 그리고 5월 17일에는 강남역 살인사건이, 5월 28일에는 구의역 스크린도어 참사가 터졌다. 우리는, 나는 이 모든 사태를 어떻게 보아야 하는 것일까?

내가 볼 때 위에 적은 일련의 사태들, 즉 광우병부터 세월호, 옥시 사태, 총선에서 참패한 여당, 강남역 살인사건, 구의역 스크린도어 사망 사건 등에 이르기까지 이 사건들이 갖는 공통점은 단 하나다. 왜 그런 일이 일어났는지 **아무도 모른다**는 것이다. 이는 세월호, 강남역 살인사건, 구의역 스크린도어 사망 사건과 같은 끔찍한 일이 대한민국에서 일어날지 아무도 예상치 못했다는 말을 하는 것이 아니다. 그런 일은 여전히 '하면 된다', '중단 없는 전진'을 부르짖는 '조국근대화 담론'이 지배하는 대한민국의 국민이라면 지겹도록 보고 또 본 사태, 너무도 안타깝고 한심한 대한민국의 일상, 한마디로 헬조선의 일상이다. 이제 이런 끔찍한 일을 겪었으니 앞으로는 결코 이런 일이 반복되지 않을 것이라고 믿는 사람은 참으로 순진한 사람이다. 이런 일은 이제까지 일어났듯이 앞으로도 또 반복되고 반복될 것이다. 내가 앞서 말한 '이런 일이 왜 일어났는지 아무도 모른다'는 말은 다음과 같은 뜻이었다.

"이런 당연한 일들, 이제까지 지겹도록 반복되고 반복됐던 이런 사건들, 부패와 부조리의 악순환이 빚어낸 끔찍한 일상에 대한 **반응이 이전과 달랐다**. 그런데 왜 이전과는 다른 이런 반응이 나타났는지 아무도 모른다."

그렇다. '이해할 수 없는 것'은 그런 일이 일어났다는 사실이 아니라, 그에 대한 반응이 달라졌다는 사실이다. 이미 헬조선이었던 대한민국은 가령 2000년대 초반만 하더라도 **그냥 죽은 사람만 억울한 사회**였다. 헬조선 대한민국은 죽은 사람들, 희생자만 '재수 없어서' 그냥 죽었고, 그저 그런 일을 당하지 않도록 각자 기도하고 '각자 알아서' 살아남아야 하는 사회였다. 피해자는 그냥 억울한 것이요, 안타깝지만 어쩔 수 없다는 담론이 지배하는 사회, 너도 당할 수 있고 나도 당할 수 있지만 일단 내가 당하지 않았으니 나는 잘 모르겠고 관심 없다는 사회, 그런 사고들은 실상 국가도 어쩔 수 없었던 것이고 따라서 '국가'에 책임을 묻고자 하는 자들의 의도가 의심스럽다는 식으로 말하는 사회였다. 그러나 언제부터인가 무엇인지 꼬집어 말할 수 없는 어떤 것이 **약간** 달라졌다. 실로 이 모든 일들에 대한 반응은 예상치 못한 것이었다. 그러니까 '이해할 수 없는 일'은 이런 일이 벌어졌다는 사실이 아니라, 이제까지 가만히 있던 국민들이 가만히 있지 않고 들고 일어났다는 사실이다. 그렇다, 나의 생각에도 이것은 실로 이해할 수 없는 일이다. 도대체 무엇이 변화한 것일까? 왜 이렇게 된 것일까?

나 개인적으로는 대한민국에서 무엇인가 이해할 수 없는 일, 다시 말해 **기존의 분석틀로 설명되지 않는**, 설명하기가 쉽지 않은 첫 번째 거대한 사건으로 광우병 사태에서 **국민들이 보여 준 반응**을 꼽는다. 국민의 의사를 무시하고 미국산 쇠고기를 수입하면서 비롯된 광우병 파동은 아무도 그것이 그렇게 오랜 시간 동안 유지되며 전 국민적인 이슈로 발전하리라고는 예상치 못한 사태였다. 처음에 그것은 그저 또 하나의 불합리한 사건에 불과했다. 그러나 이른바 광우병 파동은 당시의 이명박 대통령 스스로가 회고하듯이, 이명박 정권하의 대한민국을 가히 전면적으로 뒤흔들었다. 그러나 그때 지식인들의 반응은 어떠했는가? 당시 한국사회와 대한민국을 분석하고 진단하여 바람직한, 적어도 그릇되지 않은 처방을 내놓아야 할 이른바 '사회지도층'이나 지식인들 상당수는 다음과 같이 말했다.

"집으로 돌아가라!"

이런 말을 한 사회지도층이 좌파가 아니었을 경우, 즉 광의의 우파에 속했을 경우, 그들이 그렇게 말한 이유는 대략 다음과 같다. "미국산 쇠고기의 수입은 국가 통치자들이 정하는 국가 간 무역 행위이고, 나름 국익을 위한 최선의 선택이었다. 당신이 무얼 걱정하는지는 잘 알겠지만 국가가, 행정부가, 여당이 다 알아서 잘하고 있으니, 당신이 나서면 오히려 더 곤란해진다. 그리고 특히 당신이 길거리로 나오는 것은 일부 불순세력의 논리에 현혹된 것이다. 부화뇌동하지 마라! 그러니 집으로 돌아가라!"

"집으로 돌아가라!"라고 말한 이들이 좌파였을 경

우 역시 이유는 단순하다. "사회구성체의 관점에서, 한국사회의 발전 단계에서, 정치학적·전술적 입장에서 이번 사태는 전면적인 체제전복을 추동하기에는 실로 부적절한 단발적 사태에 불과하다. 때문에 이런 식으로 가다가는 소중한 투쟁 역량만 소모된다. 그러니 집으로 돌아가라!"

실상 이러한 인식은 광우병 파동으로 길거리에 나온 사람들을 배후 조종하는 '불순 세력'이 있다는 황당한 시대착오적 인식을 보여 주었던 이명박 정권의 그것과 동일한 층위에 속하는 것이다. 이명박 정권은 촛불시위에 대해 "그 촛불을 누가 사 주었는가?" "배후에 불순한 세력이 있다"는 식의 발언을 일삼았다(철학자로서 이러한 언명에 대한 반대논증을 딱 하나만 해야 한다면 나는 다음과 같이 말하겠다. "촛불을 어떻게 사 주나? 초를 사 줬겠지!"). 황당한 이야기 아닌가? 이분들은 트위터나 카톡, 페북도 안 하나? 오늘날, 어느 누가 사회관계통신망 시스템을 조작할 수 있다고 믿는가? 어느 누가 사회관계통신망 시스템이 조작될 수 있다고 믿는가? 인민의 의지를 통제하고 조종할 수 있다고 믿는다는 사실 자체가 좌우, 정권과 사회운동 진영을 막론하고, 이제 **그들의 시대가 지나갔음**을 의미하는 상징적 사실이다.

이와 관련하여, 우리는 저 유명한 **프랑스의 68사태**가 갖는 여러 의미들 중 다음과 같은 사실을 기억해 볼 수 있다. 1968년 5월 프랑스의 이른바 '68사태'는 서구 고도 산업사회의 고유한 현상이면서 동시에 기존의 우파·보수 정치와 사회 분위기를 뒤엎으려는 투쟁이었지만, 나아가 기존의 좌파·혁명 정치에도 찬동하지 않았던 이질적 운동이었다. 프랑스의 경우, 당시 수백만의 노동자·농민·학생과 일반대중이 거리로 쏟아져 나왔음에도 프랑스 공산당은 사태를 전통적인 마르크스주의의 도식으로만 보았고, 그들이 내린 결론은 '**이해할 수 없음**, 따라서 때가 아님, 역량만 소진됨'이었다. 따라서 프랑스 공산당의 최종결론 역시 '집으로 돌아가라'는 것이었다. 프랑스 공산당의 인식은 당시의 프랑스 대통령이었던 드골이 68사태를 겪으며 했던 말, 곧 '시위대가 원하는 것이 무엇인지 도저히 **이해할 수가 없다**'는 말과 정확히 동일한 인식의 층위에 속하는 것이다. 프랑스의 1968년 5월은 전통적인 **우파 여당은 물론, 좌파 야당마저도** 신뢰하지 않았고, 정권타도 투쟁을 벌인 것도 아니었다. 그들은 자유주의적 우파 여당도 믿지 않았지만, 전통적인 마르크스주의 좌파 혁명사상도 전적으로 신뢰하지는 않았던 것이다. 이들이 보여 주었던 '전통적 우파에 대한 거부/진보적 좌파에 대한 불신'은 이 운동의 한계와 인식의 불철저성을 보여 주는 것일까? 오히려 그들은 오늘 나의 삶, 나의 현실 인식을 방해하는 **과거의 지배를 거부했던 것**이 아닐까? 이 단락의 서두에서 이야기했지만, 68사태가 가져온 가장 근본적인 인식의 전환은 시대와 역사의 변화에 따라 공산당이 반동이 될 수 있다는 사실, '혁명' 개념 자체가 오늘 우리의 참다운 혁명을 가로막는 장애물이 될 수 있다는 **우상파괴적 자각**이었다(따라서 나는 68을 '혁명'이라 부르지 않는다. 19세기 일본의 메이지明治 지식인들이 『맹자孟子』의 용례를 따라 혁명이라 번역한 이 용어는 결코 일반명사가 될 수 없는 하나의 고유명사이다. 굳이 혁명이라는 용어를 사용해야 한다면, 68은 차라리 '**반**反혁명, **대항**혁명으로서의 혁명une révolution comme **contre**-révolution'이었다).

프랑스의 1968년 5월은 좌우가 모두 나의 현실 인식과 실천을 가로막는 장애가 될 수 있다는 자각이자, 오늘 우리의 문제는 '오늘 우리의 인식과 실천으로 풀어 가야 한다'는 **현재의 독립선언**이다. 물론 현재의 독립선언이 과거 혹은 배움의 필요성을 부정하는 것은 아니다. 과거도 좋고 외국도 좋고 타자도 좋고 배움도 좋지만, 부족하고 실패할지언정 오늘 나의 문제는 어디까지나 오늘의 내가 주인이 되어 나의 주체적 문제의식으로 바라보고 해결하겠다는 의지의 표명이다. 오늘 우리의 문제를 남의 눈, 과거의 눈(과거의 나는 남이다)으로 바라볼 때, 나는 영원히 부족한 자로서 오늘 나의 문제를 영원히 보지 못할 것이다. 어떤 경우에도 과거의 틀, 남의 틀은 현재의 나, 현재의 대한민국을 온전히 담을 수 없다. 과거의 틀, 남의 틀로 오늘의 나, 오늘의 한국사회를 바라보는 자는 나의 고유함, 한국사회의 고유함을 과거 이론이라는 일반화의 틀로 **규정**하고 **고착**시켜 버릴 것이며, 나아가 나와 한국사회의 현실을 '문제'도 아닌 것, 잘못 제기된 문제, 결국은 어리석은 것으로

치부할 것이기 때문이다. 로크가 과거의 남의 이론을 가져와서 당대의 잉글랜드와 세계를 분석하던가? 마르크스가 과거의 남의 이론을 가져와서 당대의 독일과 세계를 분석하던가? 과연 누가 어리석은가? 오늘 나의 눈으로 나의 오늘을 보려는 자인가, 어제의 남의 눈으로 오늘의 나를 보려는 자인가? 과연, 오늘 우리는 오늘의 우리를 **누구의 눈으로** 바라보는가?

1968년 5월 프랑스의 인민들은 집으로 돌아가라는 좌우 지식인들의 일치단결된 목소리를 듣고 과연 어떻게 했는가? 프랑스의 인민들은 당연히 집으로 돌아가지 않았다. 집으로 돌아가야만 했던 것은 오히려 지식인들이었다.

7. "더 이상은 용납할 수가 없다!"

정리해 보자. 광우병 사태에서 이해할 수 없는 것, 달라진 것은 이전 같으면 '그냥 그런가 보다, 국가가 잘 알아서 하겠지, 우리가 나선다고 뭐가 달라지나' 하고 생각할 사람들이 이제는 더 이상 **용납할 수 없다**고 들고 일어났다는 사실이다. 그런데 생각해 보면, 세월호 참사도 성수대교와 삼풍아파트, 대구지하철 참사와 같은, 대한민국의 끊이지도 않는 일상적(?) 참사와 인재人災의 하나였다. 세월호 이전에도 이러한 대규모 인재와 참사는 수없이 많았지만 이렇게 오랜 기간 동안 전국민이 관심을 갖는 사회 문제로 이슈화된 적은 한 번도 없었다.

가만히 있으라? 더 이상 가만히 있을 수 없다! 가만히 있으라고 시키는 대로 가만히 있다가 어떻게 되는지 우리는 너무도 분명히 보았다. 이제 생각해 보면, 세월호는 이미 그 자체로 헬조선의 축약도였다. 세월호가 헬조선이다. 아무 대책도 없이 가라앉는 헬조선, 자기들은 빠져나가면서 다른 사람들에게는 가만히 있으라고 방송을 해 대는 헬조선에서, 우리는 가만히 있으면 모두 죽는다는 사실을 확실히 학습했다. 세월호는 오늘의 대한민국이 더 이상 용납할 수 없는 어떤 임계점을 넘은 사건, 보다 정확히 말하면 그로 인해 대한민국의 일반 시민들이 용납할 수 있는 불합리의 수준이 더 이상 예전과 같지 않음을 확인한 사건이었다. 2011년의 옥시 사태도 마찬가지이다. 2016년 6월 현재 무려 103명(롯데마트와 홈플러스 사망자를 합치면 총 146명)이라는 사망자를 낸 영국의 다국적 기업 옥시는 5년이 지난 오늘까지도 제대로 된 사과 한 번 하지 않았다. 얼마 전 인터넷을 보니 새누리당의 원유철 의원이 세계에 옥시가 진출한 나라가 그렇게 많은데 왜 우리나라에서만 이런 일이 벌어졌는가 하고 질타하는 기사가 있었다. 그리고 그

기사 아래에 달린 공감 1위 댓글은 다음과 같았다.

"그걸 아직도 모르나? 사람을 그렇게 죽이고도 사과도 안 했는데, 5년이 지나도 처벌받은 놈 하나 없고 지금까지 장사도 멀쩡히 잘 하고 있는 걸 보고서도, 답이 안 나오냐!"

너무나도 정확한 지적이다(이 글을 쓰는 도중인 2016년 5월 현재 '드디어' 검찰의 수사가 이루어지고 있으므로 이는 앞으로 지켜보아야 할 일이나, 여하튼 5년 동안 어떤 사과와 처벌도 이루어지지 않은 사실에는 변함이 없다). 전 세계의 하고 많은 옥시 관련 회사 중 왜 우리나라에서만 이런 일이 벌어졌는가? 대답은 간단하다. 대한민국에선 이렇게 해도 되기 때문이다. 사실 다들 이렇게 하고 있기 때문이다. 그러니 죽은 사람만 억울한 것이고, 이미 죽은 사람은 어쩔 수 없는 것이고, 우린 모르겠다는 것이다. 그러면 어떻게 해야 하는가? 이렇게 하면 회사 관련자들이 처벌받는다는 것을, 회사가 망한다는 것을 확실히 보여 주어야 한다. 왜? 이 사람들이 무서워하는 것은 이것밖에 없기 때문이다. 자기비판과 반성이란 뼈를 깎는 고통이고 실로 오래고도 지난한 과정이다. '안 해도 되는' 자기비판과 반성을, 더 나아가 (자기 생각으로는) '안 받을 수도 있는' 법적 처벌을 달게 받고 '안 해 주어도 되는' 배상을 해 주는 기업이나 집단은 없다. 그들은 안 하면 처벌을 받을 때, 이렇게 하는 것 말고는 다른 길이 없을 때, 드디어 반성과 배상(의 시늉)을 생각해 본다.

이 모든 것은 대한민국이 헬조선임을 보여 주는 여실한 증거이다. 대한민국이 헬조선인 이유는 실제로 헬조선이라서 헬조선이지만, 그보다 더한 이유를 꼽자면, 어떤 면에서는 대한민국의 지배 담론이 대부분의 경우 **가해자 담론**이기 때문이다. 가해자들은 우리가 잘했다는 것은 아니지만 사실 이 바닥에서는 다들 이렇게 하고 있고, 피해자도 아주 잘하기만 한 것은 아니며 따라서 피해자에게도 일정한 책임이 있고, 따라서 우리만 일방적으로 뒤집어 쓸 일은 아니라는 식의 '물타기' 담론을 구사한다. 나아가 피해자의 개인적 신상에서 어떤 결점이든 무슨 문제든 여하튼 뭔가 부정적인 것을 찾아내어 인신공격을 일삼는다(인간인 이상, 이렇게 마음먹고 찾아내면 누구든 무엇이든 안 나오지는 않을 것이다. 하지만 이는 지금의 이

상황과는 상관없는 '부당한' 인신공격이며, 나아가 가해자가 피해자와 관련하여 이런 담론을 유통시키는 것이므로 결국 '악의에 찬' 인신공격에 불과하다). 가해자 담론이 지배적일 경우, 그 맞은편에는 무기력한 피해자 담론이 자리 잡을 수밖에 없다. 결국 사회 전반에는 어쩔 수 없다, 억울하면 네가 사장해라, 그러면 내가 알아주마, 라는 식의 무기력 담론, 가해자 담론이 횡행한다. 이러한 담론 분석은 실상 놀라운 일도 아니고 이해하기 어려운 일도 아니다. 지배적 가해자 담론은 헬조선 대한민국의 일상이다.

강남역 살인사건 역시 그러한 일이 일어났다는 사실이 아니라, 실은 그것이 **사회적으로 이슈화되었다는 사실**이 차라리 이해할 수 없는 일, 놀라운 일이다. 중동의 이슬람이나 아프리카의 정말 지지리도 못 사는 후진국이 아닌 한국 정도의 교육과 경제 수준을 가진 나라, 이른바 OECD 국가 중에 한국사회 같은 성차별 국가가 있는가? 이런 일은 이미 지난 수십 년 동안 한두 번 일어났던 일도 아니고, 스토킹에서 데이트 폭력, 가정폭력까지 지금도 거의 매일 일어나고 있는 일이다. 그런데 왜 갑자기 이런 '평범한' 사건이 이슈화되었을까? 2016년 5월 17일 새벽에 일어난 강남역 살인사건은 이 글을 쓰는 현재, 정확히는 2016년 6월 16일에도 여전히 관련된 다양한 논쟁이 진행되고 있는 사건이고, 나의 개인적인 생각으로는, 앞으로도 상당한 영향을 미칠 중요한 사건이므로 다음 장에서 따로 이야기를 해 보고자 한다.

8. 신주쿠역 10번 출구 '조선인 혐오' 살인사건

　일명 '강남역 묻지 마 살인사건'으로 통칭되는 이 사건은 대한민국에서 하루가 멀다 하고 일어나는 일상적 비극이다. 이 사건은 열심히 일하던 성실한 20대의 직장 여성이 아무런 이유도 없이 그날 거기에 있었다는 이유만으로 살해당했다는 비극적 성격 이외에도, 온라인과 오프라인을 막론하고 그 사건의 성격을 둘러싸고 가히 '명명'命名 투쟁이라 할 만한 특이한 현상을 불러 일으켰다. 이른바 '일베'와 '메갈리아'까지 가세한 대한민국 담론 투쟁의 최전선을 형성한 것이다. 우선 그날 유명을 달리한 피해자분의 명복을 빌면서, 이 사건과 관련된 이슈들 중 몇몇을 하나씩 살펴보자.

우선, 이 사건의 비극성에는 아무도 이의를 제기할 수 없다. 그녀는 그날 그곳에서 죽어야 할, 죽임을 당해야 할 이유가 도대체 아무것도 없었다. 21세기 개명한 민주사회에 죽임을 당해야 할 이유란 원래가 없는 것이지만, 이리 보고 저리 보아도 그녀의 잘못은 전혀 없다. 일반적인 경우를 상정하여 설령 누군가 실제로 잘못이 있는 사람이라 하더라도, 우리가 지지하는 법치사회란 그 개인에 대한 사적인 위해와 복수를 금하고 있는 터인데, 이 피해자 여성은 그런 부분을 아주 작은 것도 전혀 찾을 수가 없는 무구한 사람이다. 이 사건의 피해자는 실로 죄가 없는 사람, 100% 피해자이다(실은 현실적으로 이렇게 가해자와 피해자가 100% 나뉘는 경우는 오히려 드물다고 말할 수밖에 없다. 피해자와 가해자를 완전히 분리된 두 실체, 곧 선인과 악인으로 나누는 것이 늘 명쾌하고 쉽게 이루어지는 것은 아니다. 대부분의 경우 가해자와 피해자는, 오늘 이 경우의 피해자가 내일 저 경우의 가해자가 되는 식으로, 한 사람이다. 이런 면에서 나는 이를 '때로는 피해자이며, 종종은 가해자인' 나, 곧 우리 모두에 관련되는 불가피한 인간 조건에 대한 논의로 보는 것이 건강한 관점이리라 믿는다. 일반적으로 윤리와 정치에 관련된 모든 논의에서, 내가 빠져 있는 논의는 타인의 심판에 인정사정없이 가혹한 반면, 내가 포함되어 있는 논의는 각자의 사정에 대한 고려가 들어가므로 섬세하고 보다 관용적이다). 따라서 이 사건은 실로 비극이다. 이러한 피해자의 완벽한 무죄함이 이 사건의 핵심이다. 나의 강의를 듣는 한 분은 가령 살해당한 피해자가 유흥업소 종사 여성이거나 외국인 이주민 노동자 여성이었으면 이렇게 이슈화가 되었을까 의심스럽다고 했다. 정말 훌륭한 인식이다! 이분의 말씀을 듣고 한국사회에서 평생을 살아온 나는 피해자가 그런 여성분들 중 하나였다면 분명히 지금처럼 이렇게 전 사회적 이슈가 되지 않았으리라는 확신을 갖게 되었다. 어떻게 아는가? 대한민국에서는 유흥업소 종업원과 이주민 여성이 살해당했고, 또 살해당하고 있을 텐데 나는 그러한 사실을 지금껏 모르고 있었다. 이들이 살해당하는 데도 내가 그러한 사실을 모른다는 사실이 바로 그 증거이다.

다음으로, 일반적으로 말해서 피해자가 있다면 가해자가 있을 터인데, 이 사건의 가해자는 누구일까? 사실의 차원에서 이 사건의 가해자는 명백하다. CCTV와 본인의 진술을 비롯한 모든 증거가 실로 일말의 의심도 없이 한 사람을 가리키고 있기 때문이다. 그러나 이 사람은 정신 상태가 온전치 못하다. 앞으로 더 심층적인 정신감정을 통해 결과가 나와야 하겠지만, 이제까지 보도된 것만 본다 해도 이 사람이 온전한 정신 상태가 아닌 것은 명백한 사실이다. 물론 이것조차도 천재적인 범죄자의 교묘한 자기 합리화, 형량을 낮추려는 고도의 계산된 연극일 수 있지만 주변과 가족, 그리고 그가 다녔던 병원의 기록과 일지 등 모든 것이 그의 정신이 그리 온전치 못했음을 증언하고 있다. 이처럼 확실한 가해자가 있다는데 그의 정신이 온전치 못하다. 그렇다면 이 사건은 매우 안타까운 일이지만, 그냥 미친 사람에게 불의에 당하게 된 피해자의 개인적 불행이 아닐까? 그럴 수도 있다. 그렇다면 이런 미친 사람 하나가 행한 우발적 사건 하나를 가지고 남성 전체를 잠재적 범죄자로 보고 싶어 하는 (아마도 '불순한' 동기를 가진) 일부 여성들의 음모를 폭로해야 하는 것 아닐까? 그럴 수도 있다. 나는 이러한 모든 얘기들을 어떻게 보아야 할까? 분명, 이러한 담론은 무엇보다도 **합리성**에 기반하여 자신의 논리를 펼치고 있다. 그 핵심 논증은 다음과 같다.

"제 정신도 아닌, 미친 사람이 행한 우발적 사건을 '여성혐오'에 기인한 사건이라 이름 붙이고 그렇게 몰고 가면 안 되는 것이 아닐까?"

물론 이것은 합리적인 논증이다. 우선 이 사건은 피해자가 명백하나 가해자가 온전하지 못한 정신 상태에서 저지른 일이므로 어떤 면에서는 가해자가 없다. 가해자가 있으나 가해자의 행동이 가해자 자신의 의지와 능력을 벗어나 있었던 경우이다. 따라서 이 사건은 여성 혐오에서 기인한 행동이 아니라, 그냥 미친 사람의 우발적 범행이다. 당사자가 합리적 판단 능력을 상실한 상태에서 이루어진 일이기 때문이다. 이는 물론 맞는 말이다. 그러나 합리성은 하늘에서 떨어지지도 하늘로 올라가는 것도 아니다. 모든 합리성은 특정 시대의 특정 지역에서 특정한 사람들이 발화하는 것이고 또 그렇게 수용된다. 쉽게 말하면 하나의 합리적 발언이 참으로 합리적이 되기 위해서는 그것이 던져지는 **구체적 상황 안에서 그 발언이 발생시키는 전반적 효과**, 곧 **담론효과** 역시 고려되어야 한다.

가령 이렇게 생각해 보자. 2016년 5월 17일 새벽 일본 도쿄의 신주쿠역驛 10번 출구에서 한 재일교포 조선인 여성이 살해되었다. 가해자는 일본인 남성으로 조현병(정신분열증)을 앓고 있는 청년이다. 이 일본인 청년은 검거되면서 "재일 조선인들이 나를 음해한다", "나를 고의로 괴롭힌다"는 등의 말을 했고, 이 소식을 접한 재일 조선인들이 들고 일어나 이는 재일 조선인 혐오사건이라고 주장했다. 그리고 신주쿠역 10번 출구에는 이후 희생된 재일 조선인 여성을 추모하는 집회가 연일 열리고 있다. 이에 대해 조선인 혐오 단체에서는 이것은 그냥 미친 사람이 저지른 하나의 비극적이나 우발적인 사건일 뿐 조선인 혐오 살인사건이 아닌, 그냥 묻지 마 살인사건일 뿐이라는 취지의 말을 한다. 일본 경찰도 이 청년이 1차 조사 결과 조현병 환자이며 이를 조선인 혐오 살인사건으로 몰고 가서는 안 된다고 발표하였다. 그러나 재일 조선인의 인권을 위해 투쟁하는 모임에서는 여전히 이 사건을 명백한 사회적 함축이 담긴 사건, 비록 범행 당사자가 조현병 환자임이 거의 확실하지만 그럼에도 불구하고 근본적으로는 조선인 혐오에서 기인한 사건으로 바라본다. 조선인 혐오 단체는 추모집회가 열리고 있는 신주쿠역 10번 출구를 찾아가 집회를 중단하라고 말하고, 이에 재일 조선인들로 구성된 일본인 혐오단체가 역공에 나서는 등 문제가 심화되고 있는 상태이다.

자, 어떤가? 이 사건은 가해자가 일본인이기는 하지만 사실은 조현병 환자이므로 조선인 혐오에서 기인한 사건이 아닐까? 그렇다면 재일 조선인들, 전부는 아니더라도 다수 혹은 상당수의 재일 조선인들은 왜 가해자가 제 정신도 아닌 조현병 환자임이 확실한데도 이 사건을 조선인 혐오 살인사건이라고 계속해서 주장하는 것일까? 재일 조선인들이 이 사건을 일본인들의 기득권을 빼앗아 자신들에게 가져올 수 있는 절호의 전략적 기회로 생각했기 때문일까? 재일 조선인도 수많은 사람이 있을 것이므로 그런 사람이 전혀 없지는 않을 것이다. 그러나 그렇지 않은 재일 조선인들이 더 많은 것은 확실한 사실이다. 그런데 이 사건의 가해자가 명백한 조현병 환자임이 확실한데도 불구하고 재일 조선인들의 대다수가 계속해서 이 사건을 조선인 혐오에서 기인한 일로 바라본다면, 이는 차라리 재일 조선인들이 바라보는 일본 사회가 **근본적으로** 조선인에 대한 차별과 혐오에 기반한 사회로 느껴지고 있기 때문이 아닐까? 이때 우리는 물을 수 있다. 재일 조선인들의 이러한 느낌과 판단은 절대적으로 옳을까? 다시 말해서 틀릴 수 없는가? 남의 땅에 살다 보니, 무엇인가 조금은 과장된 피해의식이 깔려 있는 것은 아닐까? 이러한 말 자체가 일정한 방식으로 다수 가해자의 담론과 중첩되긴 하지만 늘 반드시 그런 것은 아니며(가령 강남역 사건을 여성혐오범죄로 '특정할 수는 없다'는 경찰의 논리가 그러하다. 이는 법률적 합리성에 합치하는 논리일 수도 있고, 현행 범죄 구분 매뉴얼상의 '허점' 혹은 '하자'일 수도 있다), 실상 이러한 의문에는 일정한 합리성이 존재한다. 그리고 이러한 합리성을 인정하는 사람이라면, 소수 재일 조선인들의 느낌과 판단이 늘 합리적인가를 묻는 사람이라면 동일한 논리로 다수 일본인들의 느낌과 판단은 늘 합리적인가를 동시에 물어야만 한다. 강남역에서 일어난 일이 명백한 조현병 환자가 저지른 일임에도 불구하고 대한민국의 여성들이 이 사건을 개별적·우발적 사건이 아닌, 근본적으로는 여성혐오에서 기인한 하나의 **사회적 현상**으로 바라본다는 것은 적어도 성차별의 측면에서 '피해자의 입장에 서 본 경험이 상대적으로 적을 수밖에 없는' 남성들은 실상 거의 이해하기도 어려운 **근본적 차별 구조**가 대한민국 사회에 '이런 일이 아니었다면 특별히 의식되지도 않을 만큼' 만연해 있었다는 증거로 읽어야 하지 않겠는가? 한국 여성들은 이 사건 하나만을 보는 것이 아니라 한국 여성으로서 그들의 삶 전체에 끊이지 않았던, 끊긴 적이 없었던, 오늘도 여전히 유지되고 있는 성적 불평등 구조에 대한 인식의 연장선상에서 이 사건을 바라보는 것이 아니겠는가? 이 세계에서 일어나는 모든 일에 대한 판단은 그것이 타인의 자유와 권리를 침해하지 않는 이상, 물론 각자의 몫이다. 따라서 신주쿠역 10번 출구 살인사건에서와 마찬가지로 이 사건에 대한 합리성의 판정과 의사표명은 각자의 자유이자 권리이다. 그렇다면 이제,

이렇게 각자가 신봉하는 합리성을 누가 표출하는가에 따라 그 합리성의 실제 내용이 달라질 수도 있음을 살펴보도록 하자.

　일본인 조현병자에 의한 재일 조선인 여성 신주쿠역 묻지 마 살인사건을 그 '묻지 마'에 주목하여 이 사건은 조선인 차별에 기인한 사건이 아니라고 하는 말을 - 이 사건이 재일 조선인 혐오에 기인한 사건이라고 모든 재일 조선인이 들고 일어난 지금의 이 상태에서 - 재일 조선인이 한다면 아마도 그것은 별 문제가 되지 않을 것이다. 그러나 이러한 발언을 일본인이 한다면 문제가 조금은 달라진다. 한국인인 나로서는 이런 말을 한 일본인이 평상시에 조선인 차별에 어떤 생각을 갖고 있는 사람인지, 아니 그런 차별이 있다는 걸 알고는 있는지, 그것에 대해 정말 관심은 갖고 있는지 대단히 궁금해진다. 이 일본인은 그럼에도 내게 자신의 말이 합리적인지 않은가?라고 강변할 수 있다. 나는 그에게 말하겠다. 당신의 말은 합리적이다. 그러나 나의 말은 합리적이지 않은가? 그 일본인은 합리적인 사람일 것이므로 아마도 나의 말에 수긍할 것으로 생각된다. 나는 그 일본인의 말이 합리적임을 인정한다. 그러나 나는 합리성이란 그것이 제출되는 현실의 맥락에서도 **실제적인 합리적 효과**를 발휘해야 실제로 합리적인 것이지, 그 자체가 논리적으로 합리적이라고 해서 그 말이 현실에서도 합리적인 효과를 늘 자동적으로 발휘하는 것은 아니라고 생각한다. 그렇다면 이제 문제가 되는 것은 다음과 같다.

"합리적인 것, 곧 **합리성이란 무엇인가?**"

9. 합리성과 담론효과

합리성이 무엇인가에 대한 논의는 이 자리에서 다루어 볼 주제가 아니다. 이는 실로 방대한 논의를 필요로 하는 현대철학의 최전선에 위치한 문제이기 때문이다. 칸트에서 니체로, 쿤과 푸코로, 들뢰즈에서 바디우로 향하는 현대철학의 모든 주요한 논의가 무엇이 합리적인가라는 문제를 중심으로 돌고 있다고 해도 과언이 아니다. 그러나 이 자리에서는 다음과 같은 간단한 말로 나의 입장을 표명해 보고자 한다.

인간관계 혹은 사회관계가 문제시되는 경우에 합리성이 가져야 할 한 가지 요건은 '부당한 고통을 받는 자, 억울한 자, 사회적 약자의 수를 가급적 줄이고자 하는 **관심**'이 아닐까? 나는 이러한 관심을 합리성의 유일한 정의로 제출하는 것이 아니라, 그것이 가져야 할 여러 가지 필수 요건들 중 하나로 제안하고 있는 것이다. 그리고 특정 시대, 특정 사회의 특정 합리성을 내재화한 구체적 존재일 수밖에 없는 개인, 곧 늘 특정한 인식론적 장 속에서 형성된 구체적 존재인 개인은 자신이 속한 합리성의 장이 제공하는 규칙, 곧 논리를 따르게 될 것이다. 그리고 그 논리와 합리성의 밑바닥에는 그 합리성의 모든 실제적 형식들을 가능케 한 합리성의 가능 조건, 다시 말해 푸코가 말하는 인식론적 가능 조건의 장, 들뢰즈가 말하는 내재성의 평면, 쿤이 말하는 패러다임이 자리하고 있을 것이다. 나는 이제까지 내가 적어 내려간 모든 사태들의 공통점을 '이해할 수 없음'이라는 말로 정리했다. 이해할 수 없다는 말은 이제까지 내가, 우리가 가지고 있던 합리성의 장을 통해서는 인식할 수도, 이해할 수도 없다는 말이다.

    조선 말기의 위대한 한학자였던 정약용은 자신의 위대성에도 불구하고 결코 인간들 사이의 불평등한 위계구조를 기반으로 한 성리학의 부정에는 도달하지 못하였다. 우리는 오늘 새로운 민주의 시대는 성리학적 불평등 구조의 포기를 통해서만 가능한 일이었음을 알고 있다. 아인슈타인과 하이젠베르크 이전의 어떤 물리학자도 뉴턴적 절대 시공간의 존재를 부정하지 못하였으며, 따라서 뉴턴의 근대과학의 세계에 머무를 수밖에 없었다. 오늘 우리가 우리의 합리성을 가능케 했던 근본적 인식틀을 여전히 유지하는 한 우리는 새로운 시대를 열어 갈 수 없을 것이다. 아니 그 이전에 지금 이 순간에도 늘 변화하며 자신을 형성해 가고 있는 오늘의, 그리고 내일의 새로운 합리성을 인식할 수 없을 것이다. 나를 포함한 모든 인간들과 마찬가지로, 마르크스는 자신의 위대함에도 불구하고 자신의 시대적 한계를 넘어설 수 없었다. 마르크스는 사적 소유가 철폐되지 않는 한 계급은 철폐되지 않을 것이며 따라서 프롤레타리아 (그리고 부르주아)의 해방은 있을 수 없다고 생각했다. 그리고 그는 가난한 자, 없는 자, 배우지 못한 자의 해방이 결국엔 올 수밖에 없다고 말했다. 그 해방이 도덕적인 의지의 결과물이어서가 아니라 생산양

식의 모순이 빚어내는 운동에 입각하여 움직이는 이 세계와 인간이 결국 그렇게 될 수밖에 없기 때문이라는 것이다.

그런데 과연 그럴까? 마르크스의 논리는 우주와 세계가 결국은 선한 방향, 인간해방의 방향으로 움직인다는 대전제를 신봉하는 것이다. 오늘 내게 마르크스주의는 차라리 그리스도교 신학이 말하는 섭리와 아담 스미스가 말하는 '보이지 않는 손'의 유물론 버전처럼 보인다. 인간이 그렇게 만들지 않는 이상, 인간을 위한 세상이란 오지 않는다. 인간을 위하여 우주를 창조했고 인간을 위해 모든 것을 역사하시는 하느님은 없다. 마찬가지로 우주는 인간해방을 위해 움직이지 않으며, 인간이 스스로 이 세계를 그렇게 만들지 않는 한 인간을 위한 세상은 결코 실현되지 않는다. 마르크스는 세계가 인간 해방을 위하여 나아간다고 말하면서, 이것은 어떤 도덕적 의지의 결과가 아니라 이 세계가 결국은 그렇게 되도록 되어 있다고 말했다. 나는 이러한 마르크스의 언명에서 오히려 하나의 도덕적 관심을 읽는다. 마르크스는 자신의 말과는 달리, 가난한 자, 없는 자, 못 배운 자에 대한 근본적 관심(이것이 톨스토이나 도스토예프스키가 젊은 시절 마르크스주의에 경도되었던 이유이다. 그들에게 공산주의는 그리스도교의 근본 관심을 현대의 철학적·정치적 언어로 표현한 것으로 보였다)을 철학적 언어로 표명했던 것이 아닐까?

희생자들, 피해자들에 대한 관심을 갖지 않는 한, 합리성은 결코 저절로 희생자와 피해자들을 이해하는 방향으로 가지 않는다. 프랑크푸르트학파가 놀라울 정도로 정치하게 분석하고 있듯이, 계몽주의 이래 실제의 서구 역사가 보여 주는 현실은 그러한 믿음과는 정반대로 합리성이 얼마나 쉽게 인간을 도구화하고 수단화하는 **도구적 합리성**으로 변질되는가를 보여 준다. 합리성과 인간성을 합치시키려는 노력이 수반되지 않는 상태에서 합리성을 합리적으로 따를 때, 그 결과는 실로 비합리적인 것일 수 있다. 이러한 논의는 이성이란 무엇이며 또 합리성이란 과연 무엇인가, 인간이란 무엇이며 인간성이란 무엇인가라는 복잡다단한 층위를 총체적으로 다루어야 할 문제임에 틀림없다. 라인홀트 니버가 말한 것처럼, 악한 국가의 선량한 시민은 악한 결과를 낳는 행동을 할 수밖에 없다. 이것이 한나 아렌트가 말하는 악의 평범성, 전체주의의 기원이다. 기울어진 운동장에서 중립을 말하며 합리성을 견지할 때, 그 결과는 실로 - 그러한 생각을 품은 자의 생각이나 때로는 선한 의도와도 무관하게 - 중립적이지도 합리적이지도 않을 수 있다는 사실에 대한 자각이 필요하다.

10. 합리성, 평등과 사회적 약자에 대한 관심

 사회적 약자와 희생자들에 대한 관심, 보다 넓게는 **사회적 불평등의 해소를 위한 관심**을 갖지 않는다면 대한민국은 영원히 헬조선으로 남을 것이다. 아니, 그전에 자기모순으로 인하여 내부로부터 붕괴되어 나락으로 떨어지고 말 것이다. 단적으로, 헬조선은 지속가능하지 않다. 실상 우리 앞에 선택이란 존재하지 않는다. 헬조선이 이제까지 발전해 온 방식은 지속가능한 발전과는 도저히 양립할 수 없는 지속 불가능한 것이었기 때문이다. 우리는 지금 바꾸지 않으면 영원히 돌아올 수 없는 강을 건너고 있는 중이다. 골든타임이란 다른 어떤 것이 아니라 바로 우리가 처한 현재의 상황을 말하는 것이다. 이제까지 일어날 수 없었던 일이 일어나고 있다는 사실, 이제까지의 인식틀로는 이해되지 않는 일이 일어나고 있다는 사실이야말로, 대한민국 사회의 합리성이 근본적으로 변화하고 있다는 반증이다. 푸코는 위기를 '이제까지 우리가 가지고 있는 분석틀로 더 이상 현실이 분석되지 않는 상태'를 지칭하는 말로 규정했다. 탁견이다. 위기는 다른 어떤 무엇의 위기이기 이전에, 기존의 인식틀, 기존의 당연과 정상, 기존의 합리성의 위기일 수밖에 없다. 현재의 상황이 위기로 인식된다는 사실 자체가 현재의 합리성이 위기를 맞고 있음을 증명한다. 그리고 이는 현재 내가 믿고 있는 합리성이 바로 위기의 근본 원인일 수 있다는 자각에 다름 아니다. 이런 면에서, 위기란 늘 합리성의 위기이다. 생각해 보자. 광우병 사태를 몰고 온 미국산 쇠고기 수입은 대한민국의 건국 이래 이제까지 정부·여당이 늘 그렇게 해 왔던 그저 또 하나의 관료적·행정적 통치 행위와 다르지 않다. 그런데 이번에는 국민들이 들고 일어났다. 왜 그랬을까? 어떻게 그럴 수 있었을까? 세월호 역시 유사한 사건이 지겹도록 반복된 또 하나의 사고에 불과한 것인지도 모른다. 그러나 이번에는 달랐다. 시민들이 그냥 이전처럼 가만히 있지 않았던 것이다. 옥시 사태, 이 역시 정도가 좀 심하기는 했지만 5년이나 지지부진하게 지속되며 피해자만 억울한 또 하나의 대형 사고였을 뿐이었다. 그러나 이제 무엇인가 달라졌다. 강남역 묻지 마 살인사건 역시 그저 오늘도 무수하게 일어나고 있는, 당신이 이 글을 읽고 있는 바로 이 순간에도 분명 일어나고 있는 한반도 여성잔혹사의 익숙한 한 장면이었다. 그러나 이 모든 사건들은 이상하게도 전과 달리 전 사회적, 전 국민적 이슈로 부각되었다. 왜 그렇게 되었을까? 도대체 무엇이 달라진 것일까?

이에 대해서는 각자가 생각하는 나름의 이유가 있을 것이다. 눈 밝은 독자는 이미 내가 이 글의 맨 앞부분에서 그 이유를 제시했음을 알아차렸을 것이다. 대한민국의 오늘을 사는 대부분의 한국인들에게 한국사회가 견딜 수 없는 헬조선으로 인식되는 이유는 한국사회가 이른바 **산업화와 민주화 양자에 모두에 이견의 여지없이 성공한 사회**이기 때문이다. 대한민국은 결코 이전처럼 전 국민이 일치단결하여 혼·분식을 하며 허리띠를 졸라매야 하는 그런 사회가 아니다. 한 사회의 발전 정도를 나타내는 질병의 특성과 분포도에서 대한민국은 이미 고도 선진 산업 사회의 모든 특성을 보여 준 지 오래이다. 그리고 민주주의에 관한 대한민국 국민들의 의식은 더 이상 1970년대나 1980년대 혹은 1990년대의 그것마저도 아니다. 지금은 2016년이다. 상식적으로 생각해 보자. 이 세상의 누가 보더라도, 세계적 평균으로 보아 이렇게 잘살고 이렇게 민주화된 나라에서 이렇게 황당한 불평등 구조가 이렇게 불합리하게 여전히 유지되며, 그럼에도 그러한 불평등과 불합리를 지적하고 비판하는 정당한 시민의 목소리를 종북이니 좌경이니 하고 몰아붙이는 나라가 도대체 지구상 다른 어느 곳에 존재하는가?(푸코는 책을 읽다가 상대를 '좌익 모험주의, 우익 기회주의'라는 식으로 비난하는 저자를 만나면 즉시 책을 덮고 더 이상 읽지 않는다고 말했다. 참으로 옳은 말이다. 푸코의 말을 우리나라 버전으로 바꾸어 보면 상대를 '우익꼴통, 종북좌빨'로 딱지를 붙여 버리거나 혹은 나아가 '~충蟲'이라고 비난하는 책을 보면 즉시 그 책을 덮고 더 이상 읽지 않는다는 정도의 의미가 될 것이다. 나와 다른 의견을 가진 사람들을 이런 식으로 비하하는 사람은 자신의 의견과 다른 의견을 가진 사람들을 인격적으로 모욕하는 가장 저급하고도 천박한 폭력을 행사하는 것이다). 오늘의 위정자들은 공자가 노나라의 계씨季氏에 대하여 일갈한 말을 기억해야 한다.

"나라國를 소유하고 가家를 소유한 자는 재물이 적은 것을 걱정치 아니하고 균등치 못한 것을 걱정하며, 가난함을 걱정치 아니 하고 편안치 못한 것을 걱정한다. 대저 균등하면 가난이 없고, 화목하면 적을 걱정이 없고, 편안하면 위태로울 걱정이 없다." 有國有家者, 不患寡而患不均, 不患貧而患不安."(『論語』,「季氏篇」)

합리성이란 그것 자체의 논리와 동시에, 그것이 발화되는 맥락 속에서 그러한 언명이 발휘하는 효과마저도 고려되어야만 한다. 평범한 한 사람의 눈에는 광우병에서 강남역에 이르는 사태에 대한 시민들의 **이제까지와는 다른 반응**이 오히려 이상한 것으로 보일 것이다. 2016년의 대한민국 사회는 도대체 무엇이 변화했길래 이전까지 '그럴 수도 있는 일'이 갑자기 '더 이상 그럴 수는 없는 일', 나아가 '더 이상 결코 용납될 수 없는 일'로 인식되게 된 것일까? 이를 보는 관점은 기본적으로 다음의 두 가지 중 하나일 것이다. 첫 번째는 이제까지는 마땅히 받아야 할 관심과 정당한 대우를 받지 못하고 그저 피해자가 억울하고 말 수밖에 없었던 일련의 사태들이 이제는 정당한 도덕적·합리적 조명을 받게 된 것이라고 보는 관점이다. 다음으로는 이제까지는 도덕성의 영역에도, 합리성의 영역에도 들어가지 않던 일련의 사태들이 도덕성과 합리성의 기본적 인식틀이 변형되면서 그 내부로 들어온 것처럼 보이게 되었다는 관점이다. 양자는 비슷한 것 같지만, 전혀 다른 두 개의 인식론적 입장이다. 전자는 합리성의 보편성을 신뢰하면서 시간과 공간을 초월한 합리성의 존재를 가정한다. 후자는 그러한 보편적 합리성의 존재를 부정하면서 합리성과 도덕성 자체가 시간과 공간에 의해 구성되는 것으로 본다. 나는 후자의 입장에 기울어지는 편이다. 왜 그런가 하면, 가령 자신의 합리성 의식이 시대와 공간을 초월한 보편적 합리성이라고 믿는 사람에게는 이제까지 내가 쓴 나의 글 전체가 기본적으로 이미 별로 합리적이지도 않은, 따라서 그리 설득력도 없는 부분적 사태의 과장된 확대, 혹은 견강부회, 한마디로 **비합리적인 것**으로 비치게 될 것이기 때문이다. 그런데 나는 이러한 사람의 입장을 가능한 하나의 합리적 입장으로 인정한다. 이 사람은 나와 다르고 처음부터 나와 다른 관심, 다른 관점에서 다른 사실들을 모아 전혀 다른 입장, **나와는 다른 합리성**을 구성했을 것이기 때문이다. 보편적 합리성의 존재를 믿는 사람은 다시 나의 이러한 논의가 궤변으로밖에 보이지 않을 것이다. 이에 대해 나는 각자의 합리성이란 결국 나의(실은 나를 구성한 사회의) 관심에 의해 구성된 합리성의 특정 버전이라고 답할 것이다. 내게는 나의 합리성도 그렇고 남의 합리성도 그렇다. 서로 다른 합리성을 가졌고, 따라서 서로 다른 의견을 가진 우리는 서로를 경청하며 대화를 해야 한다. 나는 기꺼이 이러한 대화에 응할 것이다. 왜냐하면 나는 상대의 입장을 비합리적인 것으로 전제하지 않기 때문이다. 내가 틀릴 수 있다. 마찬가지로 당신도 틀릴 수 있다. 이는 일반화하여 미리 규정할 수 없으며, **서로 대화하는 과정에서 그리고 오직 이 과정에서만**

구체적으로 드러날 수 있다. 그러나 상대의 입장을 일단 비합리적인 것으로 규정한 경우(그가 무엇이라 말을 하든 실제로는 진심으로 그렇게 믿는 경우), 대화는 불가능하다. 이 경우 대화는 이름만 대화이지 상대에 대한 **지적과 교정의 행위**가 될 수밖에 없다. 누군가가 자신이 '비합리적'이라고 생각하는 이야기를 듣는 이유는 지적하고 교정하기 위한 것 이외에 다른 이유가 있을 수가 없다.

11. 이해, 타인의 목소리를 듣는다는 것

 이는 보다 일반적인 **인간 인식과 이해의 문제**로 전환된다. 보다 근본적인 질문을 던져 보자. 한 인간은 타인을 이해할 수 있을까? 나아가 타인의 고통을 이해할 수 있을까? 나의 질문은 누군가가 타인을 이해하고 싶어 하는가가 아니라 '실제로 이해할 수 있는가'이다. 내 생각에, 인간은 타인을 이해할 수 없다. 인간이 타인을 이해할 능력이 없다는 말이다. 이 말은 인간은 어차피 타인을 이해할 능력이 없으니 이해하려고 노력할 필요도 없다는 말이 아니다. 인간이 누군가를 이해했다고 생각할 때 그는 자신이 이해한다고 생각하는 타인의 목소리를 듣지 않게 된다는 말이다. 보다 정확히는 **들을 수 없게 된다**는 의미이다.

당사자가 힘들다고 말하는데, 타인들이 네가 뭐가 힘드냐고 말하는 상황을 가정해 보자. 이 상황은 폭력과 다름없다. 그리고 이 폭력은 타인이 당사자를 이해한다고 믿는 정도에 비례해 더욱 끔찍해진다. 왜냐하면 당사자의 상황을 당사자보다 타인인 자신이 더 잘 알고 이해한다고 착각하기 때문이다. 더구나 이 경우, 이 사람은 자신이 **타인의 의도를 타인보다 더 잘 알고 이해한다고 믿는다**. '내가 무시당했다고 느꼈다면 너는 나를 무시한 것이다'라는 식의 이러한 믿음은 실로 무서운 폭력이 될 수 있다. 이는 사태에 대한 **나의 해석을 사실 자체라고 믿는 오류**에 기반한 것이기 때문이다. 이것이 오류이자 폭력인 이유는 다음과 같이 정리할 수 있다. 내가 상대로부터 무시당했다고 느꼈을 경우, 실제로 상대가 나를 무시한 경우가 분명히 존재하는 것은 사실이다. 하지만 내가 그렇게 느꼈고 나의 온 몸과 마음으로 이를 확신한다고 해서 **필연적으로** 상대가 나를 실제로 무시한 것은 아닌 경우도 존재한다. 물론 상대가 나를 실제로 무시한 경우가 있지만, 이는 때로 상대의 의도가 그렇지 않았는데 내가 피로해서 혹은 과거의 기억 때문에 그렇게 느낀 것일 수도 있고, 때로는 상대가 무심해서, 혹은 상대가 한국인의 문화적 코드를 모르거나 나의 개인적 코드를 몰라서 그렇게 느낀 것일 수도 있다. 이처럼 어떤 사건이나 현상에 대한 이유는 무한하다. 그러므로 이에 대한 일반화는 불가능하다. 매번 마다의 상황에 따라 구체적으로 알아볼 수밖에 없기 때문이다. 이런 의미에서 철학은 **내 머릿속의 생각과 내 머리 바깥의 현실이 과연 일치하는지 맞추어 보는 활동**이다. 내 머릿속의 현실이 내 머리 바깥의 현실과 일치하지 않을 수 있기 때문이다.

우리에게 공리주의와 자유주의의 대표자로 알려져 있는 존 스튜어트 밀은 자신의 『자유론』에서 이와 관련한 아주 간단한 원칙을 하나 제출했다.

"한 사람에게 무엇이 좋고 무엇이 나쁜지 가장 잘 알 수 있고 또 판단할 수 있는 사람은 궁극적으로 그 사람 자신이다."

누군가에게는 '너무나도 당연해 보이는' 이 말

을 한 존 스튜어트 밀은 이로써 **자유주의**의 대변자가 되었다. 당신은 이 말에 동의하는가? 당신이 만약 이 말에 동의한다면, 당신은 당신 자신은 물론 타인의 선택과 판단 역시 존중하고자 노력해야 한다. 그렇지 않다면, 당신의 말은 자신만을 예외로 두는 부당한 말, 남들이 받아들일 수 없는 말이 되기 때문이다. 그러나 당신이 이 말에 동의하지 않는다면 장담컨대, 당신은 **보편적 진리의 존재**를 믿는 사람일 확률이 대단히 높다. 그리고 당신은 그것을 스스로 알고 있다고 믿는 사람일 확률이 대단히 높다. 그리고 당신이 믿는 진리는 당신에게는 너무나도 확실한, 부정 불가능한 것으로 당신은 다른 사람들도 당신이 받아들인 이 진리를 받아들여야 한다고 믿는 사람일 확률이 대단히 높다. 그 동기는 사람들의 성급한 판단과는 달리 이기주의적 동기나 개인적 억지가 아니다. 이는 당신이 정직하고도 겸손하게 오랜 시간 동안 생각한 후에 당신 자신도 어쩔 수 없이 받아들인 것이므로 억지가 아니다. 그런데 당신은 이러한 당신의 판단을 다른 사람이 존중하지 않을 경우, 그러한 '부당한' 사태를 받아들일 수 없을 것이다. 당신이 부정할 수 없는 진리를 다른 사람이 부정하고 당신에게 (당신에게는 옳지 않은 것으로 보이는) 자신의 진리를 강요하기 때문이다. 그렇다면 당신이 위의 언명을 부정했을 때 당신이 진정으로 의미하고자 했던 바는 다음과 같은 것이었던가? "나의 경우, 나에게 무엇이 좋고 무엇이 나쁜지 가장 잘 알 수 있고 또 판단할 수 있는 사람은 궁극적으로 나 자신이다. 그러나 이 원칙은 다른 사람들에게는 적용되어서는 안 된다." 당신은 이런 원칙을 지닌 사람을 받아들일 수 있는가? 가령 누군가가 사회주의자이거나 특정 종교인인 경우, 그는 자신의 진리를 확신하고 있을 것이다. 그리고 그는 존 스튜어트 밀의 이러한 자유주의적 원칙을 받아들이지 않을 것이다. 왜냐하면 존 스튜어트 밀의 자유주의적 원칙은 자신이 믿는 진리의 진리성을 부정하는 상대주의적 명제, 나아가 위험한 명제이기 때문이다. 따라서 그는 존 스튜어트 밀의 원칙을 부정하고 자신이 믿는 진리를 신뢰할 것이다. 무엇이 문제인가? 이 모든 이야기를 통해 나는 무엇을 말하고 싶었던 것일까? 그것은 타인의 자유와 권리에 대한 부정은 **진리에 대한 확신**, 실은 독점에서 온다는 사실이다. 니체의 말대로, 진리의 적은 의심이 아니라 확신이다. 내가 이를 다시 니체 식으로 말해 본다면 **진리가 민주주의의 적이다**.

당신은 라캉이 행한 신경증과 정신병의 구분을 알고 있을 것이다. 신경증은 당사자가 자신의 행동이 비합리적임을 알고 있지만 여하한 이유로든 그 행동을 멈출 수 없는 상태를 지칭한다. 가스를 분명히 잠그고 나왔지만 불안해지거나 손을 씻었는데 또 씻지 않을 수가 없는 등의 증세를 보인다. 본인도 그러고 싶지 않지만 그렇게 하지 않으면 불안해져서 어쩔 수 없이 또 그렇게 하게 되는 것이다. 따라서 신경증 환자는 기본적으로 타인, 가령 의사의 도움을 필요로 하고 받아들인다. 자신의 문제를 인식하고 인정하기 때문이다. 그러나 정신병은 현실과의 연결이 끊어진 상태이다. "나는 구세주, 예수다" 하는 식이다. 당연히 사람들은 그가 구세주도 예수도 아님을 그에게 인식시켜 주려 할 것이다. 이때 현실과의 상호작용 능력이 끊어지고 확신 구조만 계속해서 작동하는 정신병 환자는 자신의 생각을 의심할 수 있는 능력을 상실한 상태이므로 자신만의 논리에 빠지게 된다. 사람들이 내가 예수라는 것을 모르는구나, 하느님의 아들은 박해를 받았지, 원래 구원자는 자신이 구원하려는 자들에게 박해를 받는 것이지, 그런데 사람들은 나를 미친 사람 취급하며 박해를 하고 있다, 그러니 나는 예수이고 구원자인 것이 확실하다라고 생각한다. 이 경우 의심, 곧 자기 자신으로부터의 거리두기란 불가능하다. 의처증과 의부증이 정신병으로 분류되는 이유는 이 병이 완벽하고도 영원한 자신의 확신 구조만을 강화하는 양상을 보이기 때문이다. 그는 마치 질투와 의심에 빠진 셰익스피어의 오셀로와도 같이, 상대가 늦게 들어오면 '역시 바람을 피웠구나', 일찍 들어오면 '역시 완벽해. 저렇게 가증스러울 수가……'라는 논리로 나아간다. 그런데 프로이트와 라캉이 이미 스스로 고백하고 있듯이, 우리도 다음과 같은 질문을 스스로에게 던져 보아야 한다. 이러한 신경증과 정신병의 논리는 그냥 미친 사람들의 일이고 정상적인 나와는 아무 상관도 없는 것일까? 오직 정도의 문제일 뿐, 이런 경향은 실은 인간이라면 누구에게나 발견되는 것이 아닐까? 신경증과 정신병은 철창 안에 가두어야 할 비정상인, 미친 사람들의 애기가 아니라 차라리 우리가 스스로를 늘 되돌아보아야 할 **인간 인식과 사유의 한 가지 조건**, 혹은 **유형**이 아닐까?

리투아니아 출신의 프랑스 철학자 에마뉘엘 레비나스의 첫 번째 책 제목은 『**탈출에 대하여**De l'évasion』(1935)이다. 이때의 탈출은 나의 판단과 인식이라는 감옥 혹은 지옥으로부터의 탈출이다. 그렇다. 우리는 어떻게 나의 판단과 인식을 넘어 타인과 만날 수 있을까? 나의 답변은 간단하다. 나는 「세월호, 새로운 민주주의 담론의 시금석」에서 이와 관련된 보다 상세한 논의를 전개한 적이 있다(인문학협동조합 기획, 『팽목항에서 불어오는 바람. 세월호 이후 인문학의 기록』, 현실문화, 2015, 279~308쪽. 현재 여러분이 손에 들고 읽고 있는 책은 기본적으로 이 글과 동일한 대전제 아래에서, 그 연장선상에서 작성된 것이다). 이러한 논의의 대강을 **민주주의의 새로운 판단 원칙**이라는 명칭 아래 제시하면 다음과 같다.

"나의 일은 내가, 너의 일은 네가, 우리의 일은 우리가 함께 판단하도록 한다."

나의 일을 네가 정해서는 안 된다. 마찬가지로 너

의 일을 내가 정해서도 안 된다. 우리 둘이 모두 관련된 일을 나 혹은 너 혼자 정하면 안 된다. 이러한 원칙을 이 상황에 적용하면 다음과 같은 답이 나온다. 너와 관련된 일은 네가 정하게 하면 된다. 가령 너의 의도를 내가 너보다 더 잘 안다고 주장하는 것은 실로 끔찍한 일일 수 있다. 이러한 행위는 부당한 것으로 존중받을 수 없는 행위이다. 타인의 의도를 내 멋대로 규정하는 나도 입장이 바뀌어 나의 의도를 타인이 멋대로 규정할 경우, 결코 이를 받아들이지 않을 것임에 틀림없기 때문이다.

이 길고도 번쇄한 논의를 이제 대한민국의 2016년 헬조선에 적용해 보자. 대한민국은 왜 헬조선인가? 오늘 헬조선에서는 당사자가 힘들다고 하는데 남들이 왜 힘드냐, 그게 뭐가 힘드냐, 고생을 덜 해서 그렇다, 뭔가 불순한 의도가 있다, 그런 생각 자체가 수상하다 등의 말이 오간다. 앞서 적시한 대로, 이는 물론 존중될 수 없는 의견들인데, 이렇게 말하는 사람은 정작 자신의 경우에는 이러한 의견을 부정하고 자신의 고통을 알아달라고 강변할 것이기 때문이다. **헬조선이 진짜 헬조선인 이유**는 내 삶의 고유한 영역을 남들이 함부로 재단하거나 심판하기 때문이다. 자신의 몸이 진실하게 느끼는 감정과 생각을 부정당할 때, 나아가 왜곡당할 때, 심지어는 오히려 부도덕한 사람으로 몰릴 때, 사람은 미친다, 병이 든다, 죽는다. 지옥이란 나의 말을 아무도 들어주지 않는 곳, 나의 마음을 아무도 알아주지 않는 곳이다. 인간은 자신의 느낌과 의견을 남들에 의해 재단당하고 왜곡당하지 않으며 이야기할 권리가 있다. 이것은 하고 싶은 사람들만 각자 알아서 하면 되는 그런 선택 사항이 아니다. 왜냐하면 이러한 원칙이 부정될 경우, 어느 누구도 자신의 말이 경청되어야 할 권리를 주장할 수 없게 되기 때문이다. 따라서 이는 선택이 아닌, 어느 누구도 부정할 수 없는 '인권'의 기본 요소로 이해되어야 한다. 누군가의 말이 무슨 의미였고, 그의 의도가 무엇이었는가를 알고 싶다면, 우선 그의 말을 들어야 한다(물론 당사자의 의도와 느낌의 판단을 넘어선 경우, 가령 피의자의 진술 같은 경우에는 훨씬 문제가 복잡해진다. 이상의 논의가 당사자의 말을 우리가 액면 그대로 다 믿어야 한다거나, 당사자 스스로가 자신의 의견이 옳다고 믿는다고 해서 그의 말이 다 옳거나 혹은 우리가 반드시 그것을 긍정해야 한다는 의미는 물론 아니다. 이 자리에서는 다만 대원칙을 표명해 두는 것이다. 현재의 대한민국 사회는 기본적으로 타인에 대한 심판의 행위에 있어 마치 중세 유럽의 마녀사냥에 관련된 법률들과도 같이 '혐의가 있다는 사실 자체가 이미 혐의자가 유죄임을 증명한다'는 식의 유죄추정의 원칙이 작동하는 나라이다. 이는 물론 잘못된 것이며, 법률의 해석과 적용, 나아가 개선은 일정 부분 보수적으로 적용되어야 한다. 현재 법조계의 진지한 고민 중 하나도 '무조건 죽이라'는 국민들의 무관용적 법 감정과 백명의 범죄자를 놓치더라도 한 명의 무고한 사람을 유죄로 만들지 말라'는 무죄추정의 원칙에 입각한 법적 신중성, 인권 의식 사이의 충돌을 어떻게 현실에서 조화시키는가의 문제이다). 원칙적으로 내게 무엇이 좋고 나쁜지 결정할 수 있고, 또 결정해야 하는 사람은 오직 나이다. 마찬가지로 아무도 나에게 **내가 어떻게 느껴야 한다**고 강요할 수는 없다. 내가 외롭다고 느낀다면 나는 외로운 것이요, 내가 무섭다고 느끼면 나는 무서운 것이다. 마찬가지로 내가 행복하다고 느끼면 나는 행복한 것이요, 내가 불행하다고 느낀다면 나는 불행한 것이다. 나의 느낌은 존중받아야 하며 경청되어야 한다. 이는 나만이 인간일 수는 없으므로, 나의 느낌만이 존중받아야 한다는 의미로는 결코 해석될 수 없으며, 관련된 당사자들의 느낌이 모두, 곧 너의 느낌도 나의 느낌과 마찬가지로 동등하게 존중받아야 한다는 의미로 해석되어야만 한다. 한국 청년들, 한국인의 대부분, 적어도 상당수가 한국이 헬조선이며 불평등사회하고 느끼고 그렇게 생각하는데, 한국여성들의 대다수가 한국사회가 성차별이 만연한 사회이며 무서운 사회이고 안전하지 않은 사회, 불안한 사회라고 느낀다고 말하는데, 도대체 어느 누구에게 **그렇게 느끼지 말라**고 말할 권리가 있다는 말인가! 이 당연한 권리, **나의 느낌이 존중되고 경청될 권리**는 이제까지 존중받지 못했다. 아니, 나의 느낌과 의도와 주장은 왜곡 당했다 ('담론 자체의 왜곡'이란 실은 매우 섬세한 정신을 요구하는 문제이나 다음과 같은 경우를 상정해볼 수 있다. 가령 '학생인권조례가 교권을 침해한다.'는 주장을 생각해 보자. 학생과 교사가 모두 인간인 이상 두 인권의 주체이자 대상일 뿐이다. 따라서 학생의 인권 신장이 교사의 인권을 침해한다는 주장은 실로 어불성설이다. 이는 가령 '가해자의 인권보호가 피해자 인권보호와 상치된다'는 주장과도 유사한 논증이다. 이처럼 21세기 대한민국의 인권담론은 '왜곡'되어 있다). 경청될 권리는 이제 민주주의적 인권의 기초 요소로 이해되어야 한다. 따라서 내 목소리가 경청되지 않으며 나의 정당한 요구가 반영되지 않으며 나아가 왜곡될 경우, 시민 각자는 그것을 요구할 정당한 권리가 있다.

12. 임계점, 합리성의 기준이 변화하는 점

　광우병과 세월호와 옥시와 강남역을 지나고 있는 오늘, 헬조선 대한민국 사회는 무엇인가 조금 달라졌다. 일단 헬조선이라는 말이 그 구성원 대다수에게 부정할 수 없는 사실로서 인정되고 있으며 나아가 언론을 장식하고 있다는 사실이 있다. 광우병과 세월호와 강남역은 적어도 전 사회적으로 이슈화·담론화되었다. 나로서는 이 담론의 존재 자체가 이전과는 다른 어떤 특별한 현상의 증거로 보인다. 이 담론들의 존재는 이제까지 반만년 역사 동안 유지해 오던 대한민국 사회의, 나아가 한반도의 어떤 강고한 담론 권력이 파괴되고 있음을 보여 준다. 그 담론 권력은 통치자 중심담론, 가해자 중심담론이다. 유사 이래 한반도를 지배한 모든 담론은 권력이 없는 피통치자의 담론이 아닌 통치자의 관점과 관심, 입맛에 맞게 재단되고 규정된 담론이었다(가령 수만 년, 수천 년에 걸친 비합리적 폭력적 억압의 피해자들에게 '아무리 우리가 비합리적이고 비인간적이라 할지라도, 너희들의 대응 방식은 우리와 달리 합리적이고 예의바른 것이어야 한다'는 식의 요구는 그 자체로 기득권이 행사하는 인식론적·도덕적 폭력의 또 다른 일면일 뿐이다). 이의 뒷면을 이루는 대한민국 사회 대중의 지배적 담론은 '결국 어쩔 수 없다'는 피해자의 무기력 담론이었다. 그러나 오늘 우리가 보고 느끼고 있듯이, 광우병에서 세월호를 거쳐 옥시와 강남역에 이르는 이 모든 '이해할 수 없는' 현상들의 존재는 대한민국 합리성의 장 자체, 그 기준 자체, 판 자체가 뒤흔들리고 있다는 증거들이다. 이제까지 '그럴 수도 있는' 모든 것으로 받아들여져 왔던 것들이 이제 **더 이상 결코 어떤 이유로도 용납할 수 없는 것**이 되었다. 대한민국은 이미 다시는 건널 수 없는 강을 건넜다. 이는 다음과 같은 사실에 의해서도 여실히 증명된다. 2016년의 대한민국에는 10년 전 혹은 20년 전의 대한민국보다 분명 사장에게 매 맞는 운전기사, 남편에게 구타당하는 아내, 부모에게 학대당하는 아이들이 더 적을 것이다. 구타당하는 군인들의 경우에는 더 말할 것도 없다. 그나마 다행스러운 일이 아닐 수 없다. 아직 갈 길이 한참 멀었긴 하지만, 한국사회는 분명히 10년 혹은 20년 전보다 인권에 관련되는 여러 측면에서 분명히 더 나아졌고 사회의 부조리와 폭력도 줄어들었다. 그러나 이처럼 현실은 더 좋아졌는데, 오히려 **신고는 더 많이 되고 있는 것**이 현실이다. 이를 어떻게 보아야 하는 것일까? 피해자들이 실은 더 맞아야 하는데 좀 풀어 줬더니 오히려 기고만장해서 분수를 모르고 날뛰는 것일까? 좀 편해지니 고마운 줄도 부끄러운 줄도 모르는 '**개·돼지들**'이 정신을 못 차리고 설치고 나대는 것일까? 이것이 이제까지 내가 말한 현상, 곧 '이전까지는 그럴 수도 있었던 것'이 '더 이상은 용납할 수도, 용납되어서도 안 되는 일'로 인식되게 되는 현상의 실내용이다. 2016년의 대한민국은 - 그 합리성, 도덕성, 인권 감각의 측면에서 - 더 이상 이런 일을 용납하지 않는,

용납할 수 없는 사회가 된 것이다. 이는 2016년 한국사회의 현실이 그것이 기반하는 합리성, 도덕성, 인권 지수가 용납하고 허용하는 한계를 넘어섰다는 뜻으로, 혹은 거꾸로 한국사회의 합리성, 도덕성, 인권 지수가 용인하는 허용치를 한국사회의 현실이 넘어가 버렸다는 의미로밖에 해석할 수 없다(이런 의미에서 최근 정신장애가 있는 일명 '만득이'라는 분을 19년 동안 감금·착취한 농장 주인이 대수롭지 않게 했다는 말, "지금이니까 그렇지 예전에는 문제가 안 됐던 일"(연합뉴스 2016년 7월 15일 자)이라는 말은 - 아마도 본의 아니게 - 우리 시대 갑甲들의 '시대정신 Zeitgeist'을 명료하게 보여 준다. 한 영화의 제목을 패러디하자면, 이 주인은 '그때는 맞는 일이 이제는 틀린 일이 됐다'는 사실을 이해하지 못하고 있다). 어떤 의미로 해석하든 결론은 동일하다. 한국사회를 유지해 오던 기존의 합리성은 이제 **임계점**에 도달했다.

광우병과 세월호와 옥시와 강남역 사태, 곧 한국사회의 기존 합리성이 임계점에 도달했음을 알려 주는 일련의 '이해할 수 없는' 사태들이 우리에게 알려 주는 궁극적 사실은 다음과 같은 것이다. 한국사회의 지배 담론이 통치자의 담론에서 피통치자 중심 담론으로, 가해자 담론에서 피해자 혹은 **사회적 약자 중심 담론**으로 변화했다. 피통치자 중심 담론은 푸코가 멋지게 정식화한 바 있다. "어떻게 더 이상 이런 식으로 통치당하지 않을 것인가?" 이는 정치학의 근본 관점과 관심을 통치자로부터 피통치자에게로 영원히 바꾸어 놓은 위대한 언명이다. 이는 곧 **피해자 주체**의 탄생이다. 이러한 사회적 약자 중심 담론은 다음과 같이 정식화해 볼 수 있을 것이다.

"나의 느낌과 의견은 무시 혹은 억압되거나 왜곡되지 않고, 잘 존중되고 경청되고 있는가? 나아가, 나의 느낌과 의견이 실제적인 해결책의 구축 과정에 잘 반영되고 있는가?"

이러한 긍정적 변화를 현실적 변화의 힘으로 전환시키기 위해서는 작은 변화, 실은 **나의 작은 결단**이 필요하다. 이 작은 결단은 다음과 같은 것이다. 이제 나의 느낌과 의견을 절대로 누군가가 - 그것이 개인이든 국가이든 - 멋대로 판단하고 왜곡하게 억압하도록 내버려 두지 않겠다. 그리고 나는 한 사람의 인간으로서 나와 타인의 이러한 권리를 위해 **투**

쟁하겠다. 그리고 이런 뜻을 나와 같이 나누는 사람들과 **연대**하겠다.

13. 희망의 근거 - '더 이상 용납할 수 없다'

이웃 나라 프랑스의 1789년 대혁명을 지켜본 칸트는 1798년 역사철학과 혁명을 다룬 자신의 글 「다시 제기된 문제. 인류는 더 나은 상태를 향해 계속해서 진보하고 있는가?Erneuerte Frage:Ob das meschliche geschlecht im beständigen Forschreiten zum Besseren sei?」에서 혁명Revolution을 이렇게 정의한다.

"[프랑스대혁명으로 대변되는] 이런 혁명의 거대한 경기에서 **공개적으로** 자기 자신을 드러내고, 다른 편의 경기자들에 반대해서 이쪽 편 경기자들에 대해 보편적이면서도 공정한 공감을 표시하는 것은-이런 편파성이 발견

되면 자신들에게 불리할 수도 있다는 위험에도 불구하고 - 단지 **관객들의 사고방식**뿐이다. 이 사고방식은 (그 보편성으로 인해) 인류 전체의 특징을 나타내주는 것이며, 동시에 (그 공정성으로 인해) 적어도 인류의 소질 속에 도덕적 특징이 있음을 밝혀주는 것이다. 이러한 도덕적 특성은 우리로 하여금 더 나은 것을 향한 진보를 기대할 수 있게 해불 뿐만 아니라, 그런 진보를 위한 능력이 현재 충분히 존재하고 있는 한 이미 그 자신이 하나의 진보인 것이다.

우리가 우리 시대에 그 전개 과정을 보아온 재능 있는 [프랑스] 국민의 혁명은 성취될 수도, 좌절될 수도 있을 것이다. 지각 있는 사람이라면, 그가 그와 같은 혁명을 다시 성공적으로 수행할 수 있다고 대담하게 기대한다 해도, 결코 그 같은 대가를 치르면서까지 같은 실험을 반복하려 하지는 않을 것이다. 이처럼 혁명은 비참함과 야만적 행위로 얼룩져 있다고 할 수 있다. 그럼에도 불구하고 이 혁명은 **(스스로 거기에 참여하지 않은) 모든 관객들의 가슴 속에** 열광에 가까운 소망을 갖고 **동참**하려는 욕구를 불러일으키고 있다."(임마누엘 칸트, 『칸트의 역사철학』, 이한구 편역, 서광사, 1992, 121~122쪽. 강조는 인용자의 것)

칸트는 보다 나은 합리적이고 도덕적인 세계의 실현이 인류의 소망일뿐만 아니라 인류의 역사 자체에 내재된 필연이라고 주장한다. 물론 나는 이러한 근거 없는 그리스도교적 낙관론, 진보 관념에 동의하지 않는다. 이른바 '진보'라는 것이 무엇이든, 가령 그것을 보다 적은 인간이 고통받고 더 많은 인간이 합당한 대우를 받는 '인간다운' 삶을 누리는 것이라 이해할 때, 진보는 칸트의 순진한 생각대로 원래 오게 되어 있기 때문이 아니라, 오직 인간이 그것을 그렇게 원하고 고안하고 또 실천할 때에만 가능해지리라고 믿는다. 그러나 나에게 중요한 것은 이러한 진보의 (자연적·역사적) 필연성에 관한 것이 아니라, 내가 인용하며 굵은 글씨로 표기한 '혁명에 직접적으로 참여하지 않는 관객들의 가슴 속', '관객들의 사고방식'이라는 말에 관한 것이다. 이것은 무슨 말인가? '혁명에 참여한 자들만이 아니라, 참여하지 않은 자들의 마음에 마저도 열광에 가까운 소망을 갖고 그것에 참여하고자 하는 소망을 불러일으켰다'는 칸트의 말은 **혁명**이란 바로 혁명에 적극적으로 참여한 자들만이 아니라 참여하지 않은 자들의 마음에까지, **그들 모두의** 사고방식 일반에까지, 뿌리 깊고도 근본적인 변화를 가져오는 것이라는 말이다. 곧 혁명은 우리 마음과 사고방식, 판단의 기준, **보편성과 합리성에 대한 정의 자체**를 근본적으로 변형시키는 행위이다. 따라서 칸트는 이러한 당장의 개별적 혁명은 실제로는 성공할 수도 실패할 수도 있지만 결국에는 '성공할 수밖에 없는 것'임을 설파하는 것이다. 이렇게 해석할 때, 칸트의 혁명이란 정치적 혁명을 배제하지도 않지만, 결코 정치적 차원에 한정될 수도 없는 것, 보다 폭 넓은 어떤 것이다. 따라서 칸트의 혁명이란 삶과 사고의 기본적 기준, 가치, 따라서 현실이 모두 바뀌는 일련의 현상들을 지칭하는 말이다. 간단히 말해 혁명이란 **기준 자체**가 뒤집어지는 것으로, 기존의 기준에서 보면 옳았던 것은 더 이상 옳지 않은 것이 된다. 이에 따라 이제 새로이 등장한 현재의 기준, 곧 '옳고 그름을 판별해 주는' 현재의 기준에 입각하여 모든 것은 옳거나 그른 것으로서 새롭게 평가된다('성공한 쿠데타는 처벌하지 않는다'는 말은 바로 이런 의미로 이해되어야 한다). 기존의 기준에서 보면 용납할 수 있었던 것이 이제는 용납할 수 없는 것이 된다. 혁명이란 용납할 수 있는 일이 더 이상 용납할 수 없는 일로 바뀌는 현상이다. 달리 말해, 혁명이란 기준 자체의 변화, 보편성과 합리성 자체의 변화, 보다 정확히는 보편성과 합리성이 기능하고 있는 **장場 자체**의 변화를 지칭하는 말이다. 그리고 이러한 기준, 장 자체의 변화는 **불가역적인 것**으로 일단 한번 일어나면, 어떤 경우에도 되돌릴 수 없다. 따라서 칸트에 따르면, 일단 하나의 기준이 임계점을 넘어 기존의 기준을 타파하고 자신을 새로운 기준으로 인식시키는데 성공한 이상, 혁명은 **불가피한 것**이다.

    이러한 혁명의 논리가 매일매일 일어나고 또 관철되는 영역은 다름 아닌 패션이다. 패션의 영역에서 일어나는 혁명의 논리는 실제 정치적 혁명의 논리와 동일하다. 영화의 제명을 패러디해 보자면, 혁명의 논리는 다음과 같이 정리될 수 있다. "**그때는 맞고, 지금은 틀리다.**" 따라서 성공한 쿠데타는 처벌되지 않으며, 때로는 혁명으로까지 격상된다. 마찬가지로 패션의 논리는 다음과 같은 것이다. "**그때는 멋있었는데, 지금은 촌스럽다.**" 따라서 이전에는 트

렌디하고 쿨하고 멋진 것이 이제는 시대에 뒤진 것, 촌스러운 것, 유행을 지나서 이제는 창피해서 더는 못 입고 다니겠는 것으로 변화한다. 합리성의 영역에서도 이전에는 합리적이고 합당하던 것이 이제는 비합리적이고 부당한 것으로 인식된다. 기존 합리성의 절대성을 신뢰하는 사람의 눈에는 새로운 '합리성'이 '비합리적인 것'으로 보일 것이다. 이는 새로운 합리성을 신뢰하게 된 사람에게도 정확히 동일한 결과를 낳는다. 새로운 '합리성'의 입장에서 볼 때 기존의 합리성을 유지하고 있는 사람은 '비합리적인' 사람, 고리타분한 사람으로 보이게 될 것이다. 서로는 서로를 '이해할 수 없는 사람'으로 보게 될 것이다. 이러한 이해할 수 없음은 비단 인식의 영역에 그치지 않는다. 니체는 '도덕은 도덕적인가?'라는 질문을 던지면서, 대부분의 기존 도덕은 관습과 편견의 집합체라고 말했다. 건강하고 합리적인 인간이라면 내게 주어진 특정 사회의 도덕이 어떤 사람을 낳고 어떤 사회를 만드는지 살펴보고, 스스로 판단하여 이를 적용하라는 것이다. 복잡한 것 같지만, 한마디로 이는 '철학을 배웠으면 무비판적으로 암기하며 습관적으로 살지 말고 네 일상에 대해서도, 도덕에 대해서도 스스로 생각하고 철학하라.'는 말이다. 그런데 기존 도덕의 절대성을 신봉하는 사람의 입장에서 보면 이러한 문제제기, 비판적 관점 자체가 부도덕한 것으로 보이게 될 것이다. 왜냐하면 이 사람의 입장에서는 '절대적으로 올바른 도덕'을 비판적으로 보는 행위 자체가 이미 '부도덕한' 동기를 갖는 것으로 보일 것이기 때문이다. 니체는 따라서 약간의 유머를 가미하여, 자신의 도덕철학적 입장을 '비도덕주의'라고 불렀다! 이는 앞서 말한 대로 다음과 같은 질문을 필연적으로 불러온다. 합리성은 합리적인가? 이런 질문 자체가 기존 합리성의 절대적 합리성을 믿는 사람들의 눈에는 기괴하고도 기이한 질문, 비합리적이며 부도덕한 질문으로 보일 것이다. 그러나 패션의 영역에서 기존의 멋진 것이 하루아침에 촌스러운 것으로 몰락하듯이, 사유의 영역에서도 합리적이고 옳은 것이 하루아침에 비합리적이고 그른 것으로 몰락한다. 푸코에 따르면 이러한 과정은 권력·지식의 힘 관계가 지배하는 영역이다. 따라서 모든 지식 혹은 진리는 이미 욕망과 권력, 특정 관점에 의해 구성된 것이며, 따라서 나는 내 지식과 진리의 합당성과 더불어 그 부당성마저도 인식해야만 한다. 인간 인식의 이러한 한계 혹은 조건을 벗어날 수 있는 사람은 아무도 없기 때문이다.

이러한 논리는 니체의 힘 관계 이론에 토대를 둔 푸코의 에피스테메épistémè, 권력·지식의 논리를 나 자신의 방식으로 원용한 것이나, 독자의 입장에서는 보다 유명한 토마스 쿤Thomas Kuhn(1922-1996)의 패러다임paradigm 이론을 생각해 보면 더 쉽게 이해할 수 있을 지도 모른다. 토마스 쿤은 『과학혁명의 구조The Structure of Scientific Revolutions(1962)에서 이처럼 '서로 공통점을 갖지 않는incommensurable' 다른 패러다임, 혹은 다른 에피스테메에 속하는 사람들 사이의 대화는 어떻게 가능한가, 각자는 다른 패러다임을 가진 이에 대해 어떠한 자세를 취해야 하는가, 라는 문제를 다루고 있다. 쿤의 답은 단순명쾌하다. 우리는 서로 서로에 대해 마치 다른 언어의 사용자들 사이에서 그런 것처럼 **번역자**translator의 태도를 취해야 한다는 것이다. 번역자는 우선 다른 언어의 단어들과 그 의미를 배우고 외우며, 그 문법을 이해하고, 숙어와 속담, 경칭 체계와 사투리를 익힌다. 번역자는 나의 언어로 타인의 언어를 심판하지 않는다. 번역자는 나의 세계로 타인의 세계를 재단하지 않는다. 오늘날 다만 정도의 차이일 뿐, 어떤 의미로도 '답정나'가 아니라고 말할 수 있는 자는 누구일까? 모든 사람은 자신의 프레임으로 타인의 세계를 해석하면서도 그것이 바로 있는 그대로의 너이며 너는 따라서 이러저러한 존재라고 심판하고 있지 않은가? 이는 나 자신이 겪고 느끼는 체험의 절대적 진실성을 전제로 하는 말이다. 그러나 내가 내 체험의 절대적 진실성을 말한다면 타인에게도 **타인이 겪고 느끼는 체험의 절대적 진실성**을 인정해 주어야 하는 것이 아닐까? 내가 이렇게 느끼고 생각했을 때, 상대는 무엇을 어떻게 느끼고 어떤 생각을 했던 것일까? 인간이라면 아무도 피해갈 수도 벗어날 수도 없는 이러한 문제는 진실성truth, 확실성certainty이란 도대체 무엇이며, 누가 결정할 수 있는 것인가라는 철학적 문제로 우리를 이끌어 간다. 나아가 번역자는 나의 이런 말이 타인에게는 저런 의미로 해석될 수 있으며, *그녀*의 이런 말이 내게는 이렇게 해석될 수 있음을 인정한다. 따라서 이런 번역자의 태도는 다음과 같은 몇 가지 기본적 지침을 낳는다. 타인의 말과 행동을 타인의 언어와 규칙에 의해서 이해할 것, 두 개 이상의 상이한 언어들을 하나의 언어로 통합하려 하지 말고 지금 상태 그대로 인정할 것! 이 인정이란 지난한 것이지만 결코 불가능한 것은 아니다. 지금 그대로의 타인의 모습에 대한 인정, 지금 그대로의 나의 모습에 대한 인정은 쉬운 일이 아니지만 타인과 나 자신의 현재 상태에 대한 허심탄회하고 진솔한 **인정**이 없이는 어떤 발전도 개선도 있을 수 없다. 인정이 성숙의 조건이다. 타인을 대화 상대로 인정하지 않고 믿지 않으며 자신의 느낌과 판단에 절대적 가치를 부여하는 것, 이를 우리는 독재와 독단이라 부른다. 타인을 있는 그대로 인정하는 자만이 타인과의 대화를 시작할 수 있다.

이는 나아가 다음과 같은 타인(혹은 자신)과의 '대화'에 관련되는 윤리적·실천적 지침으로 연결될 것이다. 나의 주장을 펼치되 그 절대적 타당성을 맹목적으로 가정하지 말고 타인의 주장도 옳을 수 있음을 인정할 것, 열린 마음을 갖고 타인의 말을 경청하는 태도를 가질 것, 타인과 대화를 할 것, 그 사람의 논리를 물어보며 이해해 볼 것, 그 사람의 입장에서 그 사람의 논리를 따라가며 이해해 볼 것, 가장 결정적으로는 상대에 대한 나의 이해가 옳은지 그른지 내가 정하지 말고 반드시 상대가 결정하도록 할 것, 한 마디로 타인이 나와 꼭 같은 하나의 동등한 인격체임을 인정할 것! 타인이 나와 동등한 인격체라는 것은 누구도 결코 부정할 수 없다. 타인이 바라볼 때에는 **내가 바로 타인이기 때문이다**. 타인의 의견을 경청하고 인정하라는 말은 얼핏 보면 하나의 '선택사항'처럼 보이지만, 실제의 실천에서 이는 선택이 아닌 '무조건적 당위'의 명제로서 제시된다. 나의 의견도 타인에 의해 경청되어야 하며, 나의 인격도 타인의 인격과 마찬가지로 인정되어야 한다는 말을 누가 부정하겠는가? 나에 대한 타인의 이해가 옳은지 그른지 말할 수 있는 것이 타인이 아니라 나이어야 한다는 것을 누가 부정하겠는가? 마찬가지로 원칙적인 수준에서, 타인에 대한 나의 이해가 옳은지 그른지를 결정하는 것은 내가 아니라 타인이어야 한다. 니체의 말대로, 나의 진리는 나의 진리일 뿐이다. 내가 아무 것도 하지 않았고 '있는 그대로를 보았다'는 말은 다만 내가 나의 이해를 가능케 했던 나의 선先이해, 인식론적 장을 모르고 있다는 말에 다름 아니다. 또한 사르트르의 말대로, 모든 선택은 이미 선택이고, 선택하지 않았다는 것 역시 실은 선택하지 않기로 선택했다는 말에 다름 아니다. 따라서 해석하지 않은 것이 이미 해석이며, 선택하지 않은 것이 이미 선택이다. 어느 누구도 이러한 해석과 선택이라는 인간 조건에서 벗어날 수는 없다. 내가 생각하는 사실이란 실은 **선택된 사실**이며, 내가 생각하는 진실이란 실은 **해석된 진실**이다.

"신은 죽었다"는 니체의 말은 신이 어디 살다가 죽었다는 것이 아니다. 신의 목소리, 신의 말씀이라고 생각했던 것이 알고 보니 모두 '인간적인 너무나 인간적인' 인간들의 해석이었다는 말이다. 니체에게 해석의 절대적 독점권을 점유하는 신은 없으며, 있는 것은 오직 나의 주장과 해석이 아닌 신의 뜻 그대로라고 주장하는 인간들뿐이다. 이렇게 보면, 신이 죽었다는 니체의 말, 절대적 판정을 내려줄 신이 없다는 니체의 말은 자신의 생각이 신의 뜻을 있는 그대로 반영한다고 믿는 인간들밖에 존재하지 않는다는 말이라고 할 수 있다. 이는 신이 없다기보다는, 차라리 각자의 신들밖에 없다는 말이다. 이 말은 다시 이렇게 해석될 수 있다. 인간이 신이었다. 인간들 각자가 자기 판단의 절대성을 보증해주는 존재로 신을 믿었는데, 그 신이 나만의 신이었고 각자가 다 자신만의 신을 모시고 있는 것이 드러난 오늘, 이 신이란 결국 나 자신이다. 신의 이름을 빈 것이긴 하지만 실제로는 인간들이 실질적인 신의 역할을 수행해 왔다. 이것이 중세의 신학적인 신의 철학적 변주라 할 근대의 주체이자, 자아, 곧 나이다. 이 '나'는 실제로는 이 땅의 '신'이다. 나의 판단과 느낌, 체험의 절대적 확실성을 신뢰하는 나는 신이 아닌, 신이어서는 안 되는 타인이 겪고 느끼는 체험의 확실성을 절대로 인정할 수가 없다. 그 경우 나는 더 이상 신으로서 나의 지위를 유지할 수 없게 되기 때문이다.

니체는 당신이 권력을 가질 때 당신은 당신이 누구이며 어떤 생각을 하고 살아가는지 정확히 알게 된다고 썼다. 나아가 니체는 특히 다음과 같은 경우, 곧 당사자가 사적인 복수와 공적인 정의의 심판이 일치한다고 생각할 때, 평상시에는 사회의 감시와 도덕성에 의해 가려져 있던 자신의 본심, 자신이 누구이며 어떤 생각을 하고 살아왔는지를 정확히 알게 된다고 말한다. 가령 내 학생 혹은 내 자식이 물건을 훔치는 등 잘못을 저질렀을 때, 나는 그 아이를 불러서 왜 그랬는지를 물어볼 수도 있고, 그것으로 아이가 나에게 무엇을 말하고자 했는지 물어볼 수도 있다. 그에게 나를 모욕했다며 무작정 폭풍같이 화를 낼 수도 있으며, 밥을 굶기고 겨울에 베란다에서 옷을 벗겨 재울 수도 있을 것이다. 이 모든 것을 나는 그럴 수밖에 없어서, 그럴 만하니까 그랬다, 혹은 화가 나서 순간적으로 욱해서 그랬다, 라고 말할 것이다. 이런 경우보다, 즉 내가 신으로 행동할 수 있거나 그러한 행동이 정당화되는 이런 경우보다, 이 사람이 실제로 어떤 사람이며, 평상시에 어떤 생각을 하고 살아왔는가를 더 잘 알려주는 사례도 별로 없을 것이다.

니체는 말했다. "독자들은 한 권의 책에서 자신이 이해할 수 있는 것만이 그 책의 전부라고 믿는다." 이를 조금 더 부드러운 버전으로 변형시키면 다음과 같은 말이 될 것이다. "독자들은 한 권의 책에서 자신의 관심을 끈 것만이 그 책의 전부라고 믿는다." 가령 나의 책을 읽은 당신은 이 책에 대한 당신의 인상이 이 책 자체였다고도 생각할 수 있을 것이다. 그러나 내가 이 책을 읽고 받은 인상과 이 책의 주장 자체는 구분되어야 한다. 내가 받은 인상은 다른 누구도 아닌 나만의 고유한 인상이므로 소중한 나의 체험이고 문제의식이지만, 나의 인상과 이 책 자체의 주장은 구분되어야 할 무엇이다. 가령 이 책을 읽은 모든 분들에게 이 책에서 저자가 가장 중요하게 하고 싶은 말이 무엇이었는지를 한 장 분량으로 적어 내라고 할 때, 그리고 이 한 장에는 여러분의 해석이나 선택을 전혀 넣지 말고 오직 원래의 책에서 가장 중요하다고 저자가 말하고 있는 것만을 있는 그대로 적으라고 할 때에도 답안지는 한 장도 같은 것이 나올 수가 없다. 이 경우, 어떤 답안지가 이 책의 주장을 전혀 해석 없이 있는 그대로 묘사한 것일까? 오히려 이 책에 대한 있는 그대로의 묘사라고 여러분이 제출한 답안은 어떤 면에서는 이 책보다는 여러분 자신에 대해 더 많은 것을 알려주는 것이 아닐까? 같은 소설을 읽고, 같은 영화를 보고 너와 내가 다르게 느꼈다고 말한다면, 동시에 그 느낌과 말들은 소설과 영화에 대해서 만큼이나 오히려 나와 너에 대해서도 많은 것을 알려주는 것이 아닐까? 그렇다면 저자인 나는 이 책의 주장을 해석할 유일한 권리를 갖게 될 것일까? 그러나 이 책의 저자도 신이 아니다. 저자가 책을 쓴 의도라면 마땅히 저자에게 물어야 하겠지만, 저자의 글이 어떻게 해석되는가의 문제는 이미 저자의 손을 떠난 것이기 때문이다. 이는 마치 내가 한 권의 소설 혹은 영화를 만들어 놓고는, 이 소설 혹은 영화의 해석은 나의 의도에 준하여 해석되어야만 한다고 주장하는 것과 같은 난센스이다.

나와 우리, 이 세계는 이렇게 무한한 해석의 날줄과 씨줄이 얽히며 만들어가는 세계이다. 이 세계는 이미 존재하는 본질이 스스로를 실현하거나 자신을 발견해 나가는 그러한 세계가 아니다. 이 세계는, 그리고 우리는, 마치 패션과도 같이, 오직 나와 우리에 의해 선택된 사실들, 해석된 진리들이 서로에게 영향을 미치며, 서로 엮이며, 서로를 **상관적·동시적으로** 구성해 가는 것이다. 패션fashion과 같은 어원을 갖는 프랑스어 동사 'faire'는 '만들다, 형성하다'라는 의미를 갖는다. '흘러간다'는 뜻을 지닌 단어 유행流行의 일본어 번역에서 잘 드러나듯이, 패션이 바로 만들어지고 형성되는 것이듯이, 나와 이 세계도, 나와 이 세계의 합리성도 모두 지금 이 순간 만들어지는 것, 형성되고 있는 것이다. 이 세상의 모든 것은 흐른다, 흘러간다. 나도, 우리도, 이 세계도 모두 지금 이 순간 나와 너, 곧 우리의 선택에 의해, 다른 어떤 세계가 아닌 바로 이 세계의 모습으로 변화하고 있다.

그리고 오늘 우리는 한국사회와 합리성의 형성 과정에 기존의 그것과는 다른 약간의 균열이 생겨났음을 본다. 그렇다. 오늘, 광우병과 세월호와 옥시와 강남역을 지난 오늘, 이제 모든 것은 '약간' 달라졌다. 이 일련의 사태들에 대한 사회 전반의 반응이 이전과는 '조금' 달라진 것이다. 그러나 이 조금, 이 약간의 변화는 작고 미약하나 우리 인식과 실천을 지배하는 지층 자체가 겪고 있는 거대한 변화를 알려주는 증거들이다. 모든 위기는 근본적으로 합리성의 위기, 곧 인식론적 위기이다. 기존의 인식으로 이해가 되고 해결이 되는 모든 사태는 인식 주체에게 '위기'로서 인식되지도 않을 것이다. 위기란 기존의 인식으로 이해되지도 해결되지도 않는 사태일 수밖에 없기 때문이다. 이처럼 기존 인식의 위기가 찾아왔을 때, 모든 것은 불안하게 꿈틀거리며 뒤틀린다. 이는 기존 인식 곧 합리성의 절대성을 믿고 있는 주체에게 일견 '이해할 수 없는 일', '비합리적인 일', 나아가 '부도덕한 것'으로 비칠 수밖에 없다. 그러나 이러한 현상은, 몇몇 사람들이 주장하는 것처럼, 그러한 일을 행하는 주체들의 부도덕하고도 비합리적인 미성숙함을 말하는 것이 아니라, 오히려 그러한 주체들의 **성숙**을 말해 주는 것이다. 이는 이 새로운 주체, 성숙한 주체들이 만들어가고 있는 새로운 '합리성'이 과거의 관행적인 사태들을 '비합리적인' 것으로, '더 이상 용납할 수도 이해할 수도 없는 것'으로 바라볼 수 있을 만큼 성숙했기 때문이다. 2016년의 대한민국은 실로 거대한 **인식론적·정치적 변형**transformation 의 시기를 관통하고 있는 중이다. 이제, 이러한 거대한 변형의 시기를 관통하고 있는 지금, 우리가 원한다면, 우리가 연대하여 행동한다면, 우리는 우리의 힘으로 우리의 합리성, **우리의 새로운 세계**를 건설할 수 있을 것이다.